FUNDAMENTOS
DO DESIGN

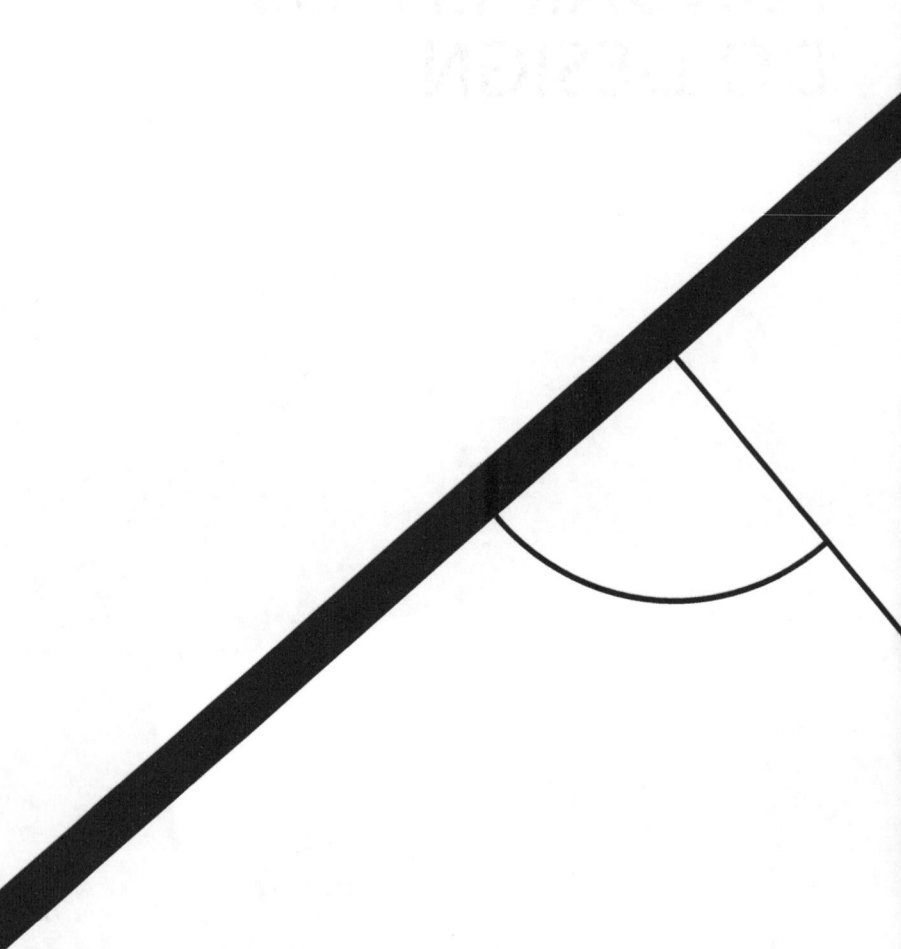

✱ Os livros dedicados à área de DESIGN têm projetos que reproduzem o visual de movimentos históricos. Neste módulo, as aberturas de partes e capítulos geométricas e os títulos em linhas redondas e diagonais fazem referência aos pôsteres da Bauhaus, a icônica escola alemã de design, arquitetura e artes plásticas.

Rua Clara Vendramin, 58 . Mossunguê . CEP 81200-170 . Curitiba . PR . Brasil
Fone: (41) 2106-4170 . www.intersaberes.com . editora@intersaberes.com

Conselho editorial
Dr. Ivo José Both (presidente)
Drª Elena Godoy
Dr. Neri dos Santos
Dr. Ulf Gregor Baranow

Editora-chefe
Lindsay Azambuja

Gerente editorial
Ariadne Nunes Wenger

Assistente editorial
Daniela Viroli Pereira Pinto

Preparação de originais
Larissa Carolina de Andrade

Edição de texto
Letra & Língua

Capa
Débora Gipiela (design)
olgers/Shutterstock (imagem)

Projeto gráfico
Bruno Palma e Silva

Diagramação
Débora Gipiela

Equipe de design
Débora Gipiela
Luana Machado Amaro

Iconografia
Sandra Lopis da Silveira
Regina Cláudia Cruz Prestes

Dados Internacionais de Catalogação na Publicação (CIP)
(Câmara Brasileira do Livro, SP, Brasil)

Minsky, Tania Maria Sanches
Fundamentos do design/Tânia Maria Sanches Minsky. Curitiba: InterSaberes, 2021.

Bibliografia
ISBN 978-65-5517-963-7

1. Design I. Título.

21-55786   CDD-745.4

Índices para catálogo sistemático:
1. Design: Artes   745.4

Cibele Maria Dias – Bibliotecária – CRB-8/9427

1ª edição, 2021.

Foi feito o depósito legal.

Informamos que é de inteira responsabilidade da autora a emissão de conceitos.

Nenhuma parte desta publicação poderá ser reproduzida por qualquer meio ou forma sem a prévia autorização da Editora InterSaberes.

A violação dos direitos autorais é crime estabelecido na Lei n. 9.610/1998 e punido pelo art. 184 do Código Penal.

FUNDAMENTOS DO DESIGN

Tania Maria Sanches Minsky

SUMÁRIO

Apresentação 8

1. **Fundamentos do design** 14
   - 1.1 Conceitos de design 15
   - 1.2 História do design 20
   - 1.3 Princípios teóricos e práticos do design 47
2. **O design pelo mundo** 58
   - 2.1 Países destaques no design 60
   - 2.2 Empresas de design no Brasil e no mundo 73
   - 2.3 Designers famosos internacionalmente 76
3. **O profissional designer** 82
   - 3.1 Áreas do design 84
   - 3.2 *User Experience* (UX) e *User Interface* (UI) 102
   - 3.3 O negócio de design 104
4. **Design e inovação** 110
   - 4.1 Design e cultura 116
   - 4.2 Gestão do design, marketing e serviços 121
   - 4.3 Design *thinking* 134

5 **Design, arte, artesanato: diferenças e semelhanças** 140

   5.1 Arte 142

   5.2 Artesanato 150

   5.3 Design 151

   5.4 Design e sua interface com a arte e o artesanato 152

   5.5 Design autoral de produtos 160

   5.6 Design gráfico autoral 164

   5.7 Design autônomo 166

   5.8 Design empreendedor 169

   5.9 Design autônomo e empreendedor: aspectos legais 173

6 **Elementos fundamentais na prática do design** 182

   6.1 Teoria das cores 183

   6.2 Tipografia 201

   6.3 Design de interação 206

   6.4 Usabilidade 207

   6.5 Acessibilidade 209

   6.6 Design e meio ambiente: design social e ecodesign 211

   6.7 Biomimética 214

   6.8 Ergonomia no design 215

   6.9 Ética no design 218

Considerações finais 222
Referências 226
Sobre a autora 242

APRESENTAÇÃO

Bem-vindo ao universo do design! Queremos fazer um convite a você: vista-se com seu melhor humor, use o perfume da disponibilidade e prepare-se para um grande evento, para uma verdadeira festa do conhecimento. É dessa forma que devemos conceber a aprendizagem, como um evento prazeroso e divertido. Você sabia que a diversão tem um efeito positivo em nossos níveis motivacionais? O ato de aprender não é um episódio único e isolado. Exige repetição e dedicação. Diante de uma vivência divertida e positiva, a curiosidade e o desejo são despertados, tornando o aprendizado ainda mais eficaz.

A partir de agora, vamos explorar os fundamentos do design. *Fundamentos* são as bases, os princípios, os alicerces de algo a ser construído. Nesse momento, é muito importante que você esteja receptivo às discussões e aos assuntos abordados, os quais abrangem conceitos, princípios teóricos, contextos históricos, áreas de atuação profissional e organizacional. Adiantamos que, na atuação profissional, dois elementos são fundamentais: **inovação** e **ética**. O design gráfico, nesse sentido, é uma área de incontáveis oportunidades, pois apresenta diversos tipos de problemas a serem solucionados na esfera dos sentidos visuais.

Portanto, apresentamos, aqui, uma introdução aos estudos de design, considerando as relações técnicas e práticas com base em reflexões teóricas, científicas e experimentais, fornecendo subsídios para que você avance em sua jornada do conhecimento, desvendando esse universo que demanda equilíbrio entre as habilidades e excelente gosto estético, além de talento, referencial criativo e domínio técnico – tudo isso com o objetivo de entregar a seu cliente a melhor solução.

Ao planejar e desenvolver esta obra, pensamos exatamente nas competências profissionais essenciais. Por isso, consideramos todos os aspectos para um desenvolvimento consistente e integral das habilidades técnicas necessárias. Ainda, ponderando a respeito da revolução digital vivenciada na contemporaneidade, tendo em vista essa nova era da comunicação homem/máquina, não deixamos de pautar a comunicação homem/homem.

Assim, a todo instante, faremos provocações para que você pesquise e reflita sobre sua prática, a fim de que busque outros caminhos, ultrapassando a barreira de apreensão teórica e aplicação técnica tão somente. Com isso, almejamos que você desenvolva um pensamento crítico, com flexibilidade cognitiva, e possa sugerir soluções inovadoras com base em um conhecimento sólido do comportamento humano e, claro, confiante de sua criatividade. Se o futuro é o agora, podemos começar?

LianeM/Shutterstock

CAPÍTULO 1

FUNDAMENTOS
DO DESIGN

Ao nos deparamos com a palavra *fundamentos*, é natural que a primeira ideia seja algo relacionado a alicerce, base, princípio, regras ou leis de algo a ser construído. O termo *design*, por sua vez, logo é associado a criatividade, inovação ou liberdade de criação, porém, isso não exclui a existência de conhecimentos indispensáveis já registrados em estudos da área.

Neste capítulo, direcionaremos nossa atenção às modalidades de design em suas mais variadas vertentes. É sob essa lente que conceituaremos e visitaremos a história, traçando um panorama dessa área tão promissora e instigante.

1.1 Conceitos de design

Comecemos com uma pergunta: Você sabe o que é design? A definição ou a conceituação de design, muitas vezes, motiva divergências, já que o termo não tem tradução exata para a língua portuguesa. Façamos, então, uma análise da etimologia da palavra: em latim, a derivação vem de termo *designare*, que se refere ao ato de desenhar (e que gerou o verbo *designar*). Holger Van Den Boom (citado por Bürdek, 2006, p. 13) esclarece que "a palavra 'design' se origina do latim. O verbo 'designare' é traduzido literalmente como determinar, mas significa mais ou menos: demonstrar de cima. O que é determinado está fixo. Design transforma o vago em determinado por meio da diferenciação progressiva". Em inglês, o termo *design* relaciona-se à ideia de plano, desígnio, intenção, quanto à configuração, ao arranjo, à estrutura. É possível deduzir que o termo está diretamente ligado à sua tradução, cujo significado tem relação com a ideia de desenho, configuração, estrutura, projeto.

Portanto, com base na etimologia e nas definições de design, podemos elaborar um conceito básico:

> O design concretiza, materializa uma ideia, constrói e configura projetos, modelos e planos, utilizando, para tanto, diversas ferramentas que desenham, definem e apresentam essas ideias em uma estrutura determinada para a finalidade a que se destina.

Ainda, no âmbito do design, é importante diferenciarmos brevemente dois elementos: design e designer. **Design** é o termo que nomeia a profissão, a atividade. **Designer** é o nome do profissional da área, aquele que se dedica e executa as funções da profissão.

1.1.1 Evolução dos conceitos de design

Se efetuada uma rápida pesquisa sobre design, veremos que, nessa área, existem diversas correntes e tendências. Considerando o contexto histórico, Leonardo da Vinci é amplamente mencionado como o primeiro designer, visto que desenvolveu conhecimentos de máquinas e realizou estudos científicos de anatomia, ótica e mecânica.

Da Vinci também editou o *Manual de elementos de máquinas*, reconhecido pela comunidade científica como uma obra precursora do design. Nele, o mestre apresentou configurações, desenhos e orientações de uma forma que, atualmente, seriam considerados atividades de design. Essa foi uma influência decisiva para a área, pois o designer passou a ser visto como criador, inventor (Bürdek, 2006).

Bürdek (2006) relata que, no século XVII, foram encontrados registros sobre a relação do design com a obra de arte. O pintor, arquiteto e escritor de arte Giorgio Vasari menciona o termo *disegno*, que significa "desenho" ou "esboço". Esse termo, *disegno*, sempre esteve relacionado à obra de arte, e, em virtude disso, usavam-se as expressões *disegno interno*, atrelado ao conceito da obra (esboço, rascunho, projeto ou plano), e *disegno externo*, relacionado à obra completa (desenho, quadro, escultura). Foi Vasari também quem primeiramente nomeou o desenho como *o pai das três artes* – arquitetura, escultura e pintura.

Em 1588, pela primeira vez, no *Oxford Dictionary*, o termo *design* foi mencionado e descrito como "Um plano desenvolvido pelo homem ou um esquema que possa ser realizado. O primeiro projeto gráfico de uma obra de arte ou, um objeto das artes aplicadas ou que seja útil para a construção de outras obras" (Bürdek, 2006, p. 13). Depois disso, no século XX, surgiu nomeadamente a profissão de designer industrial, quando, em 1948, Mart Stam empregou o termo pela primeira vez. Segundo Bürdek (2006), Stam explicava que o projetista industrial era aquele que se dedicava, em qualquer campo, especialmente na indústria, a configurar, criar e desenhar novos materiais.

Na Europa de 1970, mais precisamente na Alemanha, debateu-se intensamente o significado do termo *design*, visto que, por se tratar de uma república democrática, o design deveria ser parte de uma política social, econômica e cultural. Para muitos estudiosos, o designer deveria não só estar atento a encontrar meios de satisfazer aspectos sensoriais e de percepção dos objetos criados, mas também precisava atender às necessidades da vida social ou individual. Dessa forma, os objetos teriam de ser funcionais, úteis e comprometidos com a ecologia. Assim, Michel Erlhoff (citado por Bürdek, 2006, p. 16) formulou uma definição mais sistemática do conceito de design: "Design que – diferentemente da arte – precisa de fundamentação prática, acha-se principalmente em quatro afirmações: como ser social, funcional, significativo e objetivo". Desse modo, a evolução do conceito acompanhou mudanças sociais e movimentos culturais e artísticos ao longo do tempo.

Na virada do século XX para o XXI, mais precisamente em 1999, em vez de uma nova definição ou descrição do design, Bürdek (2006, p. 16) sugeriu que fossem nomeados alguns pontos aos quais o design deve sempre atender, quais sejam:

- Visualizar progressos tecnológicos.
- Priorizar a utilização e o fácil manejo de produtos (não importa se 'hardware' ou 'software').
- Tornar transparente o contexto da produção, do consumo e da reutilização.
- Promover serviços e a comunicação, mas também, quando necessário, exercer com energia a tarefa de evitar produtos sem sentido.

Logo, a busca por um conceito fechado de design mostra-se infrutífera quando se quer chegar a uma única definição, pois existem variados conceitos que atendem a diversas modalidades. Todavia, em virtude do grande processo de industrialização, foi o design industrial que inicialmente firmou o design como processo e apresentou a profissão de designer. O *site* da World Design Organization (WDO) disponibiliza uma definição mais atualizada de design industrial, ressaltando que o termo *design* é bem mais abrangente que sua tradução para o português, "desenho": "O design industrial é um processo estratégico de solução de problemas que impulsiona a inovação, gera sucesso nos negócios e conduz a uma melhor qualidade de vida por meio de produtos, sistemas, serviços e experiências inovadores" (World Design Organization, 2021, tradução nossa). Assim, tomando de empréstimo esse conceito, podemos ampliá-lo e adaptá-lo aos diversos ramos do design.

Agora, vamos reunir as definições apresentadas até aqui para que possamos tratar do design gráfico. Cardoso (2021) menciona que design gráfico corresponde a um conjunto de atividades desenvolvidas com o intuito de criar e produzir objetos de comunicação visual, na maioria das vezes impressos. Contudo, o design gráfico também pode ser associado a objetos encontrados exclusivamente em meio eletrônico, que, obviamente, podem apresentar versões impressas. Assim, livros, revistas, jornais, cartazes, folhetos e tantos outros objetos fazem parte dessa designação. Convém explicarmos a origem desse termo – *design gráfico* –, que vem da junção de duas palavras.

A palavra *design*, de modo geral, "refere-se à concepção e à elaboração de projetos, tanto para a fabricação de artefatos industriais quanto para a configuração de sistemas de interação entre usuários e objetos" (Cardoso, 2021, p. 1). Já o vocábulo *gráfico* começou a ser usado no início do século XIX. Em consulta ao dicionário, encontramos esse termo como adjetivo que diz respeito à grafia, à tipografia, à impressão. Em sentido figurado, é apresentado como desenho. Ainda, está relacionado aos processos de impressão artística, no âmbito das artes gráficas. Sabe-se que deriva do grego *grapho*, que significa "fazer marcas, desenhar, marcar uma pedra, um pedaço de madeira ou uma folha de papel. Pode-se traduzir *graphein* também por escrever" (Gráfico, 2021).

> Agora, com base nessas concepções de design e, ao pensar na sua área de atuação, tente elaborar um novo conceito. Para tanto, pesquise mais profundamente sobre a área de design na qual atua e compare com as definições apresentadas aqui. Em um bloco de anotações, liste possíveis fundamentos a serem considerados na criação de seu conceito de design.

1.2 História do design

Durante a segunda metade do século XVIII, o mundo começou a vivenciar mudanças radicais a partir da Revolução Industrial, que se estendeu até o século XIX.

A Primeira Revolução Industrial transformou a economia mundial e modificou o estilo de vida da humanidade, visto que propôs a aceleração da produção de mercadorias e a exploração dos recursos naturais. Assim, ela foi responsável por grandes mudanças no processo produtivo e alterou, de forma radical, as relações de trabalho.

É a partir desse evento que o design gráfico começa a querer surgir como profissão. Inicialmente, os comerciantes contratavam as tarefas dos "artistas comerciais", que eram, principalmente, tipógrafos, letristas e retocadores. Efetivamente como profissão, o design gráfico desponta somente no século XX (Aley, 2013).

Vários estudiosos já constataram que, muito antes de existir uma definição para o design, essa atividade era exercida ainda na pré-história, portanto não se trata de um tópico recente de investigação. Philip Meggs, historiador-design sobre quem falaremos bastante neste capítulo, afirma que a crítica de design e a investigação de sua história existem desde o século XVI (Meggs; Purvis, 2009).

No livro *História do design gráfico*, Meggs e Purvis (2009) evidenciam que, desde a Pré-história, o homem procurou informar visualmente ideias e conceitos, armazenando conhecimento por meio de registros gráficos, o que tornava as informações claras e ordenadas.

Historicamente, diversas profissões empregaram esse tipo de comunicação, como escrivães, artistas, tipógrafos, entre outros. Com o passar do tempo e a partir do surgimento das novas tecnologias, o designer congregou esse conhecimento, afirmando-se necessário aos mais diversos ramos da indústria e da criação (Meggs; Purvis, 2009).

1.2.1 Os primeiros passos da comunicação visual

Há cerca de 200 mil anos, surgiram os primeiros traçados humanos. Do Alto Paleolítico ao Período Neolítico (35000 a.C. a 4000 a.C.), os antigos africanos e europeus deixaram pinturas em cavernas, entre elas as de Lascaux (Figura 1.1), no sul da França, e de Altamira (Figura 1.2), na Espanha (Meggs; Purvis, 2009).

Figura 1.1 – **Caverna de Lascaux**

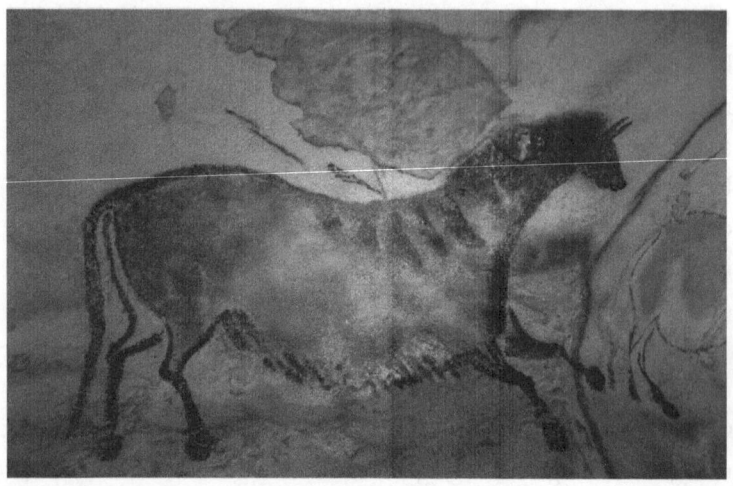

Figura 1.2 – **Caverna de Altamira**

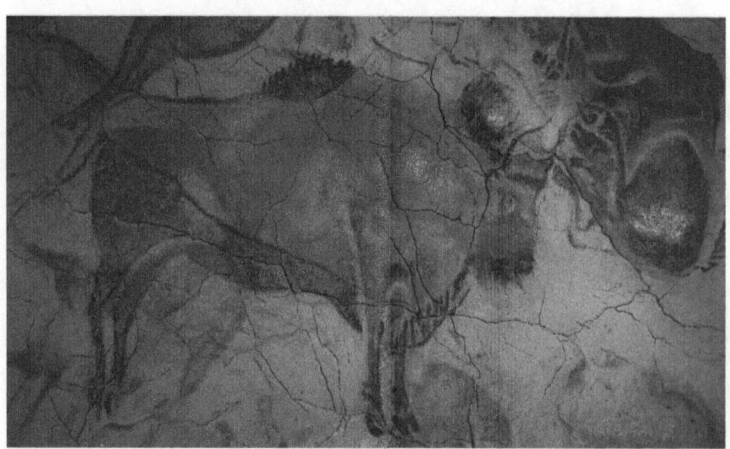

As imagens de animais eram desenhadas e pintadas nas paredes, nos antigos canais subterrâneos por onde passava a água. Esses registros não são uma manifestação artística, mas uma forma de assentamento que assegurava a sobrevivência de nossos ancestrais. Para Meggs e Purvis (2009), esse evento pode ser denominado como a *alvorada das comunicações visuais*, pois essas primeiras figuras foram feitas para garantir a sobrevivência, portanto, tinham fins utilitários e ritualísticos.

Desde então, o homem busca recursos e ferramentas para aperfeiçoar sua comunicação, registrar seus feitos e passar adiante seus conhecimentos e suas descobertas. Sob essa ótica, a pesquisa da história ancestral enriquece o presente e prepara a humanidade para o futuro.

> No mundo inteiro, da África à América do Norte e às ilhas da Nova Zelândia, os povos pré-históricos deixaram inúmeros petróglifos, sinais ou figuras simples entalhados ou arranhados na rocha. Muitos petróglifos são pictografias e outros talvez sejam ideografias – símbolos para representar ideias ou conceitos. Um grau elevado de observação e memória é evidenciado em muitos desenhos pré-históricos. Na galhada de uma rena entalhada encontrada na caverna de Lorthet, no sul da França, os desenhos riscados de rena e salmão são de notável precisão. (Meggs; Purvis, 2009, p. 10)

Antes do início da história registrada – período de 5 mil anos durante o qual as pessoas deixaram por escrito uma crônica de seu conhecimento envolvendo fatos e eventos –, foram encontrados painéis com sinais geométricos abstratos, como pontos, quadrados e outras configurações. Em muitas cavernas, esses sinais se entremeiam com as pinturas de animais. É difícil deduzir, contudo, de que se trata essas formas e pinturas, ou seja, é impossível definir se seriam desenhos de objetos ou o começo de uma protoescrita.

1.2.2 O início da escrita

Continuemos, agora, nossa viagem ao passado, avançando, mais precisamente, para o ano 3000 a.C., na Mesopotâmia. A cidade, àquela época, era dominada pela religião, portanto, sacerdotes e escribas eram pessoas poderosas, com domínio e conhecimento sobre os bens dos deuses e do rei. Eles proviam as necessidades religiosas do povo e, acredita-se, a escrita surgiu e evoluiu pela urgência dos chefes em registrar toda a movimentação de bens (Meggs; Purvis, 2009). Essa informação, porém, deveria ser compreensível. Por isso, por volta de 3000 a.C., surgiu a primeira forma de escrever – a **escrita cuneiforme** (Figura 1.3) –, que se originou dos sumérios, na antiga Mesopotâmia.

Figura 1.3 – **Antiga tabuleta pictográfica suméria (ca. 3100 a.C.)**

O desenvolvimento de uma linguagem visual, segundo alguns historiadores, é fruto da necessidade de identificar o que havia dentro das sacas e dos recipientes que armazenavam alimentos. Pequenas etiquetas de argila identificavam o conteúdo, representado por pictogramas; a quantidade, por sua vez, era representada por um sistema numérico decimal, com base nos dez dedos da mão.

Logo, a comunicação visual, desde os primórdios, foi essencial para a manutenção da humanidade. A princípio, foi empregada como forma sobrevivência e perpetuação da espécie. Com o passar do tempo, os aperfeiçoamentos e os desenvolvimentos de estratégias e ferramentas diversas supriam variadas necessidades, desde as comerciais até as artísticas.

1.2.3 Uma viagem no tempo

Nesta seção, construiremos uma linha do tempo com os principais eventos, datas, nomes e obras que compõem a longa história do design gráfico, tendo como base o levamento realizado por Meggs e Purvis (2009). Para tanto, partiremos da Pré-história e chegaremos até a pós-modernidade, com o início da Quarta Revolução Industrial, nesta era globalizada que todos nós vivenciamos.

Figura 1.4 – **História do design (Parte 1)**

Design na História
A comunicação visual através dos tempos

PRÉ-HISTÓRIA

35000 a.C. – 4000 a.C.

Tendo em vista a necessidade do homem de mostrar seu dia a dia, sua comunicação concretizava-se por meio de pinturas nas paredes das cavernas, utilizando pigmentos naturais.

ANTIGUIDADE

30000 a.C. – 476 d.C.

Civilizações mesopotâmica, egípcia, fenícia e hebraica.

ALFABETOS

- 1930 a.C. – 1880 a.C.: Código de Hamurabi
- 2000 a.C.: Antigos pictogramas cretenses
  › Disco de Faísto
- 1500 a.C.: Caligrafia Ras Shamra
- 1000 a.C.: Antigo alfabeto grego
- 1800 a.C.: Tsang Chieh inventa a escrita
- 850 a.C.: Alfabeto aramaico
- 1500 a.C.: Escrita de oráculo em ossos

(continua)

(Figura 1.4 – continuação)

IDADE MÉDIA

476 d.C. – 1473 d.C.

A Idade Média compreende um longo período da história, que se estendeu do século V ao século XV.

- 1450 d.C.: Impressão com tipos móveis na Alemanha
- 1000 d.C.: Nashki se torna o alfabeto árabe dominante
- 770 d.C.: Árabes aprendem a fazer papel com os prisioneiros chineses
- 600 d.C.: Escrita insular
- 500 d.C.: Antigo alfabeto árabe
- 476 d.C.: Queda do Império Romano do Ocidente

PRIMEIRA REVOLUÇÃO INDUSTRIAL

1750 d.C. – 1850 d.C.

- 1796: Senefelder inventa a litografia
- 1800: Formação da Biblioteca do Congresso (Estados Unidos)
    › Lorde Stanhope constrói a prensa de ferro fundido
- 1803: Thorne cria os primeiros tipos gordos "Fat Face"
    › Surgimento da primeira máquina de produção de papel
- 1806: Publicação do primeiro *Dicionário Webster*
- 1814: Koening constrói a prensa movida a vapor
- 1815: Figgins emprega os primeiros tipos egípcios
- 1816: Caslon utiliza os primeiros tipos sem serifa
- 1821: Champollion decifra hieróglifos
- 1822: Niépce faz a primeira impressão fotolitográfica
- 1826: Niépce tira a primeira foto de natureza
- 1827: Wells apresenta tipos *display* em madeira

(Figura 1.4 – conclusão)

- 1833: Figgins utiliza Peral de duas linhas
- 1834: Berthold disponibiliza a tipografia Akzidenz Grotesk
  - Leavenworth cria a fresa comandada por pantógrafo
  - Braille, sistema de escrita para cegos
- 1835: Talbot tira o primeiro negativo fotográfico
- 1837: Vitória assume como rainha do Reino Unido
  - Talbot anuncia seu processo fotográfico
- 1840: Sharp introduz a litografia nos Estados Unidos
- 1841: Ingleses tomam Hong Kong
- 1843-1845: Hill & Adamson tiram a primeira fotografia de retrato.

Fonte: Elaborado com base em Meggs; Purvis, 2009.

Como você pode notar, nessa linha do tempo estão implicados milhões de anos de história. De maneira geral, na **Pré-história**, considerada o começo, ainda no tempo das cavernas, ações diárias eram registradas com o intuito de preservar a espécie e divulgar, aos outros, orientações de sobrevivência. A **Antiguidade**, período em que estão alocados os fenícios, os hebreus, os romanos e os egípcios, mostra que esses povos desenvolveram artefatos e tecnologias que constituem uma documentação até hoje pesquisada avidamente por historiadores na ânsia de desvendar os mistérios dessas civilizações. É nesse momento que estão registrados os primeiros alfabetos, vem daí o advento da escrita. A **Idade Média**, normalmente lembrada por suas guerras, sua forma de artes, suas conquistas territoriais, seus primeiros livros impressos, que registraram romances, ritos, conflitos religiosos, lendas de cavaleiros, foi fortemente representada por árabes que buscavam, por meio das impressões, maneiras de comunicar visualmente atos e ideias a fim de perpetuar seus feitos, sua história. Na **Revolução Industrial**, marcada pela produção em massa, pelas novas relações de trabalho, pelas máquinas e seu desenho peculiar, bem como por seus manuais, os artesãos, função gradualmente desvalorizada, figuraram como os primeiros designers, pois suas criações objetivavam consolidar projetos (Meggs; Purvis, 2009).

Figura 1.5 – **História do design (Parte 2)**

Design na História
A comunicação visual através dos tempos
O MOVIMENTO "ARTS AND CRAFTS"
Na segunda metade do século XIX, surgiu um movimento denominado **Arts and Crafts**, que correspondeu a uma iniciativa tanto estética quanto social. Seus participantes, entre acadêmicos e artistas, defendiam, em contraposição à mecanização e à produção de massa, o artesanato criativo, em uma tentativa de revalorização do trabalho manual e recuperação de um esteticismo diverso daquele produzido industrialmente para o uso cotidiano. A expressão "Artes e Ofícios" (em tradução para o português) surgiu na Sociedade para Exposições de Artes e Ofícios.

1834 d.C. – 1940 d.C.

- 1834: Nascimento de Morris
- 1847: Pickering publica *The Elements of Euclid*
- 1861: Morris abre uma firma de decoração artística

(continua)

(Figura 1.5 – continuação)

- 1877: Morris faz suas primeiras conferências públicas sobre design
- 1882: A Century Guild é formada
- 1883: Mackmurdo cria a folha de rosto de *Wren's City Churches*
- 1884: É formada a Guilda dos Trabalhadores da Arte
    > É publicada a revista inglesa *The Hobby Horse*
- 1888: Morris desenha o tipo Golden
- 1891: Edison cria a câmera cinetoscópica
- 1893: Morris desenha tipos Chaucer
- 1894: Morris e Crane publicam *The Story of the Glittering Plain*
- 1895: Camelot desenha o primeiro tipo de Goudy
- 1896: Morris publica *Chaucer da Kelmscott*
    > Pissarro funda a Eragny Press
    > Rogers entra para a Riverside Press
    > Hornby abre a Ashendene Press
    > Morris morre
    > Souza compõe *Stars and Stripes Forever*
- 1898: Curie descobre o rádio
- 1902: Ashbee, Salmo da Essex House
- 1903: Bíblia da Doves Press
- 1918: Koch constitui comunidade criativa
- 1940: Goudy publica *Typologia*

ART NOVEAU

O *art nouveau* (arte nova) foi um movimento que surgiu na Europa, entre 1890 e 1910. Essencialmente decorativo, voltado ao design e à arquitetura. Preocupava-se com a originalidade da forma, tinha

(Figura 1.5 – continuação)

relação direta com a Segunda Revolução Industrial e com a exploração de novos materiais, como o ferro e o vidro (principais elementos dos edifícios que passaram a ser construídos segundo a nova estética), e os avanços tecnológicos na área gráfica, como a técnica da litografia colorida, que teve grande influência nos cartazes.

1682 d.C. – 1901 d.C.

- 1682: Moronobu, *Jovem com duas cortesãs*
- 1740: Masanobu, perspectiva linear nas gravuras ukiyo-e
- 1765: Harunobu, gravuras ukiyo-e multicoloridas
- 1770-99: Utamaro, retratos de cortesãs
- 1830-1832: Hokusai, *Fugaku Sanju Rokkei*
- 1856-1859: Hiroshige, *Ohashi Atake no Yudachi*
- 1866: Chéret, cartaz para La Biche au bois
- 1874: Tiffany funda fábrica de vidro
- 1876: Bell, telefone
- 1879: Edison, lâmpada elétrica
- 1881: Barnum & Bailey, circo
- 1883: Grasset, *Histoire des quatre fils Aymon*
- 1886: Grasset, primeiro cartaz
- 1889: Van Gogh, *Sternen-Nacht*
- 1890: Chéret, Legião de Honra
- 1891: Toulouse-Lautrec, cartaz do *Moulin Rouge*
- 1893: Beardsley, Le Morte d'Arthur Wright abre escritório de arquitetura
- 1894: "Toorop", cartaz para óleo para salada Delft
    > Mucha, cartaz para Gismonda
    > Rhead retorna aos Estados Unidos
    > Bradley, capas para Inland Printer

(Figura 1.5 – continuação)

- 1895: Bing, galeria l'Art Nouveau é inaugurada
- 1896: Jugend, primeira edição
    - Steinlen, cartaz *La Rue*
    - Ricketts funda a editora Vale Press
- 1898: Behrens, *The Kiss*
- 1899: Van de Velde, cartaz para Tropon
- 1901: Dudovich, cartaz para Bitter Campari

O DESIGN DO SÉCULO XX – O PRINCÍPIO
1891 d.C. – 1910 d.C.

- 1891: Edison, câmera cinetoscópica
- 1895: McNair e Macdonalds, cartaz do Instituto Glasgow de Belas-Artes
- 1896: Wright projeta The House Beautiful
- 1897: Formação da Secessão Vienense
- 1898: Curie descobre o rádio
    - Início da publicação de VeSacrum
    - Fundição Berthold, Akzidenz Grotesk
- 1899: Moser, cartaz da 5ª exposição da Secessão Vienense
- 1900: Gehrens, texto corrido sem serifas
    - Klingspor lança Eckmannschrift
- 1901: Klingspor lança Behrensschrift
- 1902: Moser, cartaz da 13ª exposição da Secessão Vienense
    - Wright, primeira casa "estilo pradaria"
- 1903: Hoffmann & Moser, são criados os Wiener Werkstätte
- 1904: Lauwericks ensina composição por grades geométricas na Alemanha

(Figura 1.5 – conclusão)

- 1907: Formação da Deutscher Werkbund
  › Löffler desenha cartas Fledemaus
- 1909: Behrens e Bernhard, Fábrica de Turbinas da AEG
- 1910: Behrens, cartaz para lâmpada AEG

Fonte: Elaborado com base em Meggs; Purvis, 2009.

O movimento *Arts and Crafts* ocorreu na metade do século XIX e surgiu de uma necessidade de revalorização das "artes e ofícios". Entre meados do século XIX até meados do século XX, diversos eventos, como a publicação de obras importantes, consolidam a arte do design (Meggs; Purvis, 2009).

O *Art Nouveau*, de acordo com Meggs e Purvis (2009), pesquisadores que fizeram um estudo aprofundado desse período, apresentou uma das formas mais interessantes e instigantes da história do design. Os **cartazes**, elaborados por diversos artistas e profissionais que se dedicaram a trabalhar essa forma de comunicação visual, continuam sendo reproduzidos até hoje e mantêm o famoso estilo *art nouveau*.

Quando se trata do design no século XX, Meggs e Purvis (2009) defendem que esse momento é considerado como o início oficial do design, foi nele que se reconheceu a necessidade do profissional do design, facultando-lhe destaque nos processos criativos.

Figura 1.6 – **História do design (Parte 3)**

Design na História
A comunicação visual através dos tempos
A ARTE MODERNA E SUAS INFLUÊNCIAS

As primeiras duas décadas do século xx foram uma época de efervescência e transformação que alterou todos os aspectos da condição humana. A vida social, política, cultural e econômica mergulhou em um turbilhão. A arte visual e o design experimentaram uma série de evoluções criativas que questionaram antigos valores e abordagens da organização do espaço, além do papel da arte e do design na sociedade. A tradicional visão de mundo objetiva foi destruída.

1894 d.C. – 1934 d.C.

- 1894: É fundada a agência Beggarstaffs
- 1897: Mallarmé, *Un Coup de dés*
- 1905: Einstein, teoria da relatividade
  > Grupo expressionista – A Ponte (Die Brücke)
- 1906-1907: Picasso, influenciado por Cézanne e pela arte africana
- 1908: Ford modelo "t"
- 1909-1912: Cubismo analítico
- 1909: Marinetti, *Manifeste du futurisme*
  > Braque, *Broc et violon*
  > É formada a NAACP (National Association for the Advancement of Colored People)
- 1910: Kandinski, *Über das Geistige in der Kunst*
- 1911: Kandinski, arte não objetiva

(continua)

(Figura 1.6 – continuação)

- 1911: Grupo expressionista Der Blaue Reiter
- 1913: Armory Show em Nova York
- 1913-1914: Cubismo sintético
- 1914: De Chirico, *Le départ du Poète*
    > Kafka, *O processo*
- 1915: Marinetti, *Montagne +Vallate + Strade × Joffre*
- 1916: É fundado o dadaísmo: o "acaso" de Arp na arte
- 1917: Ball, poemas sonoros dadá
    > Apollinaire, publicação de *Caligramas*
- 1924: Breton, *Manifeste du Surrealisme*
- 1927: Depero, *Dinamo Azari*
- 1929: Man Ray, *Sleeping Woman*
- 1934: Heartfield, cartaz do Yuletide

MODERNISMO FIGURATIVO

Durante a primeira década do século XX, o cartaz europeu foi uma continuação do cartaz dos anos 1890, mas, na segunda década do século, seu trajeto foi fortemente marcado pelos movimentos de arte moderna e alterado pelas necessidades de comunicação decorrentes da Guerra Mundial.

1905 d.C. – 1949 d.C.

- 1905: Bernard, cartaz dos fósforos Priester
- 1908: Hohlwein, cartaz da PKZ
- 1911: Erdt, cartaz da Opel
- 1914: Começa a Primeira Guerra Mundial
- 1915: Leete, cartaz para recrutamento militar
    > Griffith, *The Birth of a Nation*

(Figura 1.6 – continuação)

- 1917: Klinger, cartaz para 8ª campanha de empréstimos para a guerra
  › Cartaz "Uncle Sam", de Flagg
- 1918: Kauffer, cartaz para o Daily Herald
  › Termina a Primeira Guerra Mundial
- 1923: Binder, cartazes para o Musik und Theaterfest der Stadt Wien
- 1925: Cassandre, cartaz para o L'Intransigeant
  › Fitzgerald, *The Great Gatsby*
  › Cassandre, cartaz do Étoile du Nord
- 1931: Empire State Building
- 1932: Cassandre, cartaz da Dubonnet
- 1936-1943: Hohlwein, projetos para os nazistas
- 1937-1939: Binder, Carlu, Cassandre e Kauffer vão para os Estados Unidos
- 1940-1949: Games, cartazes da Segunda Guerra Mundial

A NOVA LINGUAGEM DA FORMA
1910 d.C. – 148 d.C.

- 1910: Mondrian toma contato com o cubismo
- 1912: Wright, Coonley House com janelas com vitrais geométricos
- 1913: Maliévitch, primeiras pinturas suprematistas
- 1916: Van der Leck, cartaz para a Batavier Line
- 1917: Surgem movimento e revista do De Stijl
  › Começa a Revolução Russa
- 1918: Van Doesburg, *Composição XI*
  › É fundada a revista *Wendingen*
- 1919: Lissítzki, cartaz "Bêi biélakh krasnâm klínom"

(Figura 1.6 – conclusão)

- 1920-1929: Vladimir Lebeder se torna o pai do livro ilustrado russo do século XX
- 1922: Berlewi, teoria Mechanofaktura
- 1923: Maiakóvski e Lissitzky, *Dlia golosa*
- 1924: Ródtchenko, série de capas Mess-Mend
  › Rietveld, casa de Schroeder
  › Lissitzky, *Die Kunstismen*
- 1928: Warner Brothers, primeiro filme sonoro
- 1929: Lissitzky, cartaz "Russische Ausstellung"
- 1930: Gustav Klutis exalta realizações soviéticas nos cartazes com fotomontagem
- 1931: Morre Van Doesburg, fim da revista *De Stijl*
- 1939: Sutnar emigra para os Estados Unidos
- 1941: Morre Lissitzky
- 1944: Morre Mondrian

Fonte: Elaborado com base em Meggs; Purvis, 2009.

Na **Arte Moderna**, as influências foram recíprocas. Isso significa que a arte influenciou o design assim como o design instigou a arte. Nesse período, certos conceitos foram revisitados e as produções ganharam um ar diferenciado. *Grosso modo*, o mundo artístico entrou em ebulição. Já o **Modernismo Figurativo**, movimento crucial no estudo do design, esteve intrinsicamente relacionado com a publicidade e a comunicação, ou seja, com as formas pelas quais se efetivava a publicização e a comunicação com o outro. Por sua vez, o movimento **Nova linguagem da forma** ressignificou as artes e, por consequência, o design, dando continuidade à elaboração de cartazes instigantes, como na publicidade da Europa. Nesse período, apareceram artistas renomados como Mondrian, Lissitzky; foram fundadas revistas importantes; além de ocorrerem eventos políticos/sociais marcantes (Meggs; Purvis, 2009).

Figura 1.7 – **História do design (Parte 4)**

Design na História
A comunicação visual através dos tempos
A BAUHAUS E A NOVA TIPOGRAFIA
1916 d.C. – 1956 d.C.

- 1916: Johnston, tipo Railway
- 1919: Gropius funda a Bauhaus em Weimar e publica manifesto
- 1920: Klee entra para a Bauhaus
- 1922: Kandinski entra para a Bauhaus
- 1923: Moholy-Nagy substitui Itten na Bauhaus
    › Exposição da Bauhaus, participação de Tschichold
    › Werkman, primeiro número de *The Next Call*
- 1925: Bauhaus transferida para Dessau
    › Bayer, alfabeto universal
    › Tschichold, *Elementare Typographie*
- 1927: Renner, Futura
- 1928: Gropius, Moholy-Nagy e Bayer abandonam a Bauhaus
    › Tschichold, *Die Neue Typographie*
    › Zwart, catálogo da NKF
- 1930: Mies van der Rohe transfere a Bauhaus para Berlim
- 1931: Gill, *Essay on Typography*

(continua)

(Figura 1.7 – continuação)

- 1932: Morison, Times New Roman
- 1933: Nazistas fecham a Bauhaus
  › Tschichold é detido
  › Beck, mapa do metrô de Londres
- 1935: Matter, cartaz da Pontresina
- 1939: New York World's Fair
- 1945: Formação das Nações Unidas
- 1947: Plano Marshall
  › Tschichold ingressa na Penguin Books
- 1949: Forças comunistas de Mao
- 1956: Sandberg, Experimenta Typographica

O MODERNISMO NOS ESTADOS UNIDOS
1924 d.C. – 1951 d.C.

- 1924: Erté, capas da Harper's Bazaar
- 1928: Agha se torna diretor de arte da *Vogue*
- 1934: Brodovitch se torna diretor de arte da *Harper's Bazaar*
- 1935: Administração da Eletrificação Rural
  › WPA contrata artistas para projetos de design
- 1936: Jacobson, diretor de design da CCA
- 1937: Beall, cartazes da REA
- 1937: Picasso, *Guernica*
- 1936-1939: Mestres da Bauhaus, Albers, Bayer, Breuer, Gropius, Mies van der Rohe e Moholy-Nagy emigram para os Estados Unidos
- 1939: Binder, cartaz da New York World's Fair
  › Moholy-Nagy, Design School
- 1940: Kauffer, cartaz da resistência grega

(Figura 1.7 – continuação)

- 1941: Carlu, cartaz "America's answer! Production"
- 1943 : Alexander Liberman se torna diretor de arte da revista *Vogue*
- 1944: Sutnar, design de catálogos
- 1945: Anúncios da CCA pró-nações aliadas
- 1948: Matter, anúncios da cadeira Knoll
- 1950: Começam anúncios "Great Ideas" da CCA
- 1951: Brodovitch, revista *Portfolio*

A ESCOLA DE NOVA YORK

1939 d.C. – 1996 d.C.

- 1939: Thompson, suas primeiras Westvaco Inspirations
- 1940-1949: Rand, capas da *Directions*
- 1940: Primeira edição da revista *Print*
- 1945: Criação das Nações Unidas
    > Lustig, capas de livros da New Directions
- 1947: Rand, *Thoughts on Design*
- 1949: Fundação da Doyle Dane Bernbach
- 1950: Alvid Eisenman cria programa de design na Yale University
- 1950-1959: Aulas de design editorial de Brodovitch inspiram uma geração
- 1952: Termina a Guerra da Coreia
- 1953: Wolf, direção de arte da *Esquire*
- 1954: Senado censura McCarthy
- 1955: Bass, abertura para The Man with the Golden Arm
- 1957: Formação da Brownjohn, Chermayeff & Geismar
- 1958: Storch, redesenho da revista *McCall's*

(Figura 1.7 – continuação)

- 1959: Brodovitch se aposenta, Wolf é diretor de arte da *Bazaar*
  - › Primeiro número da *Communication Arts*
- 1960-1969: Lois, capas "expressão" da *Esquire*
- 1968-1971: Lubalin, revista *Avant Garde*
- 1970: Início da International Typeface Corporation (ITC)
  - › Lubalin & Carnase, tipos Avant Garde
- 1981: Morre Lubalin
- 1992: Clinton, presidente dos Estados Unidos
- 1995: Morre Bradbury Thompson
- 1996: Morre Paul Rand

IDENTIDADE CORPORATIVA E SISTEMAS VISUAIS
1940 d.C. – 1994 d.C.

- 1940: Golden torna-se diretor de arte da CBS
- 1945: Olden entra para a CBS
- 1946: Dorfsman entra para a CBS
- 1947: Pintori entra para a Olivetti
- 1948: Assassinato de Gandhi
- 1950: Início da Guerra da Coreia
- 1951: Golden, marca da CBS
- 1954: Matter, programa da New Haven, New York and Hartford Railroad
- 1956: Rand, logotipo da IBM
  - › Pintori, cartaz da Olivetti Elettrosumma 22
- 1959: Morre Golden
- 1960: Chermayeff e Geismar, identidade do Chase Manhattan
  - › Beall, marca da International Paper
  - › Aicher e equipe, sistema de identidade da Lufthansa

(Figura 1.7 – conclusão)

- 1964: Programa de identidade da Mobil
- 1965: Conflitos de Watts
- 1972: Massey, identidade do Departamento do Trabalho
    > Aicher e equipe, Jogos Olímpicos de Munique
- 1977: Sistema Unigrid dos Parques Nacionais dos Estados Unidos
- 1981: Lançamento da MTV
- 1985: Manhattan Design, logotipo da MTV

Fonte: Elaborado com base em Meggs; Purvis, 2009.

A fundação da Escola de Artes Bauhaus mudou a concepção de design, visto que ela foi responsável por instigar uma produção artística qualificada e engajada. A **Bauhaus e a nova tipografia** caracterizaram-se como elementos fundamentais na história do design, pois assumiram a categoria de movimento. O **Modernismo nos Estados Unidos**, no entanto, foi um período repleto de eventos relevantes. Picasso, por exemplo, pintou *Guernica*; migraram para os Estados Unidos diversos artistas que influenciaram e ampliaram os conceitos de arte pelo mundo. Por sua vez, a **Escola de Nova York**, que surgiu de um movimento expressionista abstrato, foi integrada por artistas que se agruparam para afirmar a presença estadunidense nas artes. Nesse momento, houve uma intensificação de artistas imigrantes de vários países em solo americano, abrigando, assim, diversas artes (Meggs; Purvis, 2009).

Por volta da metade do século XX até próximo dos anos finais, havia uma preocupação latente de as marcas se consolidarem como elementos fundamentais para a indústria e o comércio. Assim, o trabalho empregado para que essa marca fosse publicizada com tal zelo atingiu, por óbvio, parte do processo produtivo. Nesse período, em que avultava a **identidade corporativa e os sistemas visuais**, diversas organizações investiram na elaboração e na divulgação de suas marcas, evidenciando um estudo conceitual e que se tornaria essencial para a publicidade (Meggs; Purvis, 2009).

Figura 1.8 – **História do design (Parte 5)**

Design na História
A comunicação visual através dos tempos
A IMAGEM CONCEITUAL
1953 d.C. – 1997 d.C.

- 1953: Trepkowski, cartaz "Nie!"
- 1954: Testa, grafismos da Pirelli
  › Formação do Push Pin Studios
- 1956: Morre Trepkowski
  › Tomaszewski lidera movimento polonês e passa a usar colagem colorida
- 1959: A revista *Twen* é lançada
- 1962: Berg entra para a CBS Records
- 1964: Massin projeta La Cantatrice Chauve
- 1966: Kieser, cartaz para Alabama Blues
- 1967: Wilson e Moscoso, cartazes psicodélicos
  › Glaser, cartaz "Dylan"
- 1968: Fundação da Grapus
- 1969: Estados Unidos pousam na Lua
- 1970: Max, imagem "Love"

(continua)

(Figura 1.8 – continuação)

- 1970-1979: Richards, Pirtle e outros: o Texas se torna importante centro de design
- 1975: Cieslewicz, cartaz "Amnesty International"
- 1976: Rambow, primeiro cartaz da S. Fischer-Verlag
- 1980: Janiszewski, logotipo do Solidariedade
  › Rambow, cartaz para Die Hamletmaschine
- 1988: Rambow, cartaz para Südafrikanisches Roulette
  › Glazer, cartaz "Art is..."
- 1997: Pathfinder pousa em Marte

O DESIGN PÓS-MODERNO
1962 d.C. – 1996 d.C.

- 1962: Venturi, supergrafismos do Grand's Restaurant
- 1964: Anúncios Tissi E. Lutz
- 1966: Solomon, grafismos ambientais para Sea Ranch
- 1968: Weingart entra para o corpo docente da Escola de Design de Basileia
- 1970-1979: Termo "pós-modernismo" designa ruptura do design com o modernismo
  › Sato, cartaz "New Music Media"
- 1979: Greiman e Odgers, grafismos do California Institute of Arts
  › Vanderbyl, cartaz da California Public Radio
- 1981: Exposição da Memphis em Milão
- 1983: Longhauser, cartaz "Graves" Igarashi, cartaz calendário
  › Fili e Scher, projetos retrô
- 1984: Brody, tipos construtivos e desconstrutivos em The Face
  › Formação do Duffy Design Group

(Figura 1.8 – continuação)

- 1989: Formação da Charles S. Anderson Design Co.
    - Queda do Muro de Berlim
- 1995: Morte de Dan Friedman

A REVOLUÇÃO DIGITAL E O FUTURO
1939 d.C. – 1996 d.C.

- 1951: UNIVAC I, primeiro computador produzido em massa
- 1968: Engelbart, primeiro *mouse*
- 1969: Compuserve, primeiro serviço comercial *on-line*
- 1980: CNN notícias 24 horas por TV a cabo
- 1981: Primeira missão de ônibus espacial
- 1983: Kare e Adkinson, projeto de interface MacPaint
- 1984: Primeiro Macintosh
    - Vander Lans, primeiro número da revista *Emigre*
- 1985: Impressora laser Apple
    - Software Pagemaker
    - Ličko, tipos digitais
- 1987: Queda na Bolsa de Valores
    - Stone, família de tipos Stone
    - Greiman, Design Quarterly
    - Fella, trabalhos gráficos para a Detroit Focus Gallery
- 1990: Macintosh II, computador em cores
    - Adobe, tipos multiple master
    - Berners-Lee, linguagem de programação html
- 1992: Carson, Ray Gun
- 1994: Helfand, *site* do Discovery Channel
    - Carter, tipos Big Caslon
    - Microcomputadores chegam a 33% dos domicílios nos Estados Unidos
    - Wired, primeiro número

(Figura 1.8 – conclusão)

- 1995: Hans Dieter Reichert cofunda a Bradbourne Publishing Ltd. e inicia a revista *Baseline*
  › McCoy deixa a Cranbrook
- 1996: Ličko, tipos Mrs Eaves
- 1997: Mais de 30 milhões de usuários da internet no mundo inteiro
  › Philippe Apeloig torna-se consultor em design para o Museu do Louvre
- 1999: Adobe lança InDesign
  › Makoto Saito, cartaz "Sunrise Sunset Yusaku Kamekura"
- 2000: Nikki Gonnissen e Thomas
  › Widdershoven constituem a Thonik
- 2001: 11 de setembro, ataque terrorista às Torres Gêmeas
  › Apple lança iPod
- 2002: Max Kisman funda a Holland Fonts
  › UPS muda o logotipo projetado por Rand
- 2005: Adobe adquire a Macromedia
  › Mais de 8 bilhões de *sites on-line*
- 2008: Um bilhão e 600 mil usuários da internet no mundo inteiro, 250 milhões nos Estados Unidos

Fonte: Elaborado com base em Meggs; Purvis, 2009.

O período em que surgiu a concepção de **imagem conceitual** inscreveu a evolução do conceito de design e sua aplicação no construto de um projeto. Nesse momento, ocorreram diversos eventos importantes, nos quais artistas, arquitetos e publicitários evidenciaram métodos e ferramentas de comunicação dos conceitos veiculados pelas imagens. Já o **design pós-moderno** iniciou com o surgimento dos computadores, que empregou uma mudança de paradigmas na vida em sociedade, visto que apareceram novas mídias digitais e, com isso, houve uma efervescente alteração sociocultural, bem como o começo da globalização. Por sua vez, o período chamado de **Revolução digital e o futuro** é marcado pela World Wide Web (WWW), pelos equipamentos que interagem com o homem, como a TV interativa e, claro, pela criação de *softwares* inteligentes que influenciam as atividades do designer. A expressão *interface homem máquina* (IHM) está incluída até mesmo dentro do processo criativo. É aqui que começa a Quarta Revolução Industrial (Meggs; Purvis, 2009).

Portanto, como você pode perceber na linha do tempo ora construída, os eventos que nos trouxeram até aqui são a passarela pela qual os designers do porvir seguirão e desfilarão com suas obras. A integração entre o necessário, o desejável e o factível gera o processo do design, e isso pode contribuir enormemente para a qualidade e o sentido da vida nas sociedades urbanas. Um bom designer conhece o legado desse passado, ajuda a perpetuá-lo, dando-lhe continuidade, a fim de que a comunicação seja eficaz e humanizada, de forma que o homem se torne o agente de seu destino.

1.3 Princípios teóricos e práticos do design

Depois de uma rápida viagem pela história do design, agora exploraremos seus princípios, conhecimento indispensável, uma vez que funciona como suporte da criação, seja de *briefingns*, seja na resolução de problemas específicos, com liberdade para experimentações autorais na comunicação visual. Ainda que um estudante de design tenha de realizar pesquisas, desenvolvendo essa habilidade da busca por conceitos, pela composição e pela organização relacionados ao design, "ele também deve se envolver com o mundo, e estar interessado, ciente e sensível aos contextos em constante mudança em que o design está inserido" (Dabner; Stewart; Zempol, 2019, p. 8).

Os quatro princípios básicos do design podem ser resumidos, genericamente, em:

Contraste

O objetivo do contraste é evitar elementos meramente *similares* em uma página. Se os elementos (tipo, cor, tamanho, espessura da linha, forma, espaço etc.) não forem os mesmos **diferencie-os completamente**. O contraste costuma ser a mais importante atração visual de uma página.

Repetição

Repita os elementos visuais do design e espalhe-os pelo material. Você pode repetir a cor, a forma, a textura e as relações espaciais como a espessura, os tamanhos etc. Isso ajuda a criar uma organização e fortalece a unidade.

Alinhamento

Nada deve ser colocado arbitrariamente em uma página. Cada elemento deve ter uma ligação visual com outro elemento da página. Isso cria uma aparência limpa, sofisticada e suave.

Proximidade

Itens relacionados entre si deveriam ser agrupados. Quando vários itens estão próximos, tornam-se uma unidade visual, e não várias unidades individualizadas. Isso ajuda a organizar as informações e reduz a desordem. (Williams, 1995, p. 14, grifo do original)

Nessa abordagem, existem regras básicas para qualquer elemento de comunicação visual, e elas são o fundamento para a elaboração de qualquer obra de design. Entretanto, um bom designer não pode ater-se simplesmente a essas regras, há outros princípios que devem ser estudados e aplicados constantemente, como pesquisa e conceitos; raciocínio linear e pensamento lateral; desenho exploratório; visualização de ideias; e teoria da imagem e do texto (Dabner; Stewart; Zempol, 2019). Vejamos, a seguir, cada um desses elementos.

Pesquisa e conceitos

A depender de cada projeto, um tipo específico de pesquisa tem de ser realizada. Pesquisar, investigar, registrar as impressões deve ser um processo contínuo e permanente. Para tanto, todos os sentidos devem estar aguçados, prontos para vivenciar novas experiências e inspirações.

É importante o designer cultivar o hábito de anotar, fotografar e gravar, o que gera subsídio para seus projetos. Esse profissional tem de ler sobre diversos assuntos em variadas fontes, de forma a se manter atualizado, acompanhando as mudanças sociais e estruturais de seu meio e da sociedade em geral. Assim, no desenvolvimento de um projeto, além da bibliografia selecionada, é preciso ampliar o vocabulário e os recursos utilizados. O Quadro 1.1, a seguir, relaciona algumas técnicas de pesquisa e onde podem ser encontradas.

Quadro 1.1 – **Técnicas de pesquisa**

Técnicas de pesquisa	
Fontes primárias/ Pesquisa factual	**Fontes secundárias/ Pesquisa factual**
• Conhecimento prévio/opinião/memória • Observação • Conversas • Análise • Dramatização • Entrevistas: pessoalmente, via e-mail, serviço de mensagens instantâneas ou telefone • Questionários • Grupos focais • Diários em vídeo/escritos (primeira mão) • Pesquisa etnográfica (observação participante)	• Museus, arquivos, coleções • Jornais, revistas, artigos em periódicos • Entrevistas publicadas • Filmes, programas de TV, teatro • Transcrições/gravações de filmes, TV, rádio • Livros • Música • Internet: *blogs*, *sites*, fóruns, revistas • Pesquisas de opinião • Estatísticas • Organizações, agências, orientadores, palestras, debates públicos, conferências
Fontes primárias/ Pesquisa visual	**Fontes secundárias/ Pesquisa visual**
• Fotografia • Desenhos/esboços • Experimentação com mídias: 2D e 3D • Frottage/moldes • Moldes • Experimentação tipográfica • Experimentação composicional • Manipulação de imagens • Fotocópias • Gravação em vídeo • Gravação em áudio • Escrita	• Exposições • Imagens/fotografias de revistas, livros, folhetos, internet, *outdoors* • Obras de outros designers/artistas • Mapas/diagramas impressos • Elementos efêmeros (ex.: bilhetes, notas fiscais, embalagens) • Fotos, postais, cartazes e desenhos achados ou comprados • Imagens extraídas de filmes, vídeos, *performances* • Arquitetura

(continua)

(Quadro 1.1 – conclusão)

Técnicas de pesquisa
Outras práticas/abordagens gerais de trabalho
• Coloque seu próprio ponto de vista no trabalho • Trabalhe em grupos e responda ao *feedback* dos outros membros. • Desenvolva ideias gerando vários elementos visuais em resposta a uma única ideia. • Explore a capacidade total de sua linguagem visual.

Fonte: Dabner; Stewart; Zempol, 2019, p. 12.

Raciocínio linear e pensamento lateral

Na elaboração e no desenvolvimento do conceito de um projeto de design, duas formas de abordagens podem ser seguidas: o raciocínio linear e o pensamento lateral.

O **raciocínio linear** corresponde a um processo mental estratégico e orientado por um "passo a passo". Ele define especificamente as áreas dentro de um projeto, ou seja, quando se utiliza o raciocínio linear no desenvolvimento de um conceito, uma ideia predeterminada é concebida. Então, essa ideia é dividida em componentes gerenciáveis, como cor, tipo de letra (tipografia), composição, forma, estilo etc. Assim, é possível decompor o tema principal e distribuí-lo entre as áreas, os setores e os colaboradores responsáveis pela formação do conceito.

O **pensamento lateral**, por sua vez, parte de um conceito em que os caminhos são menos evidentes. O trabalho pressupõe uma exploração indireta, que vai ao encontro de ideias e soluções pouco óbvias e que, muitas vezes, podem parecer até mesmo incoerentes, mas essa estratégia também pode suscitar um excelente conceito. Sob essa perspectiva, o *brainstorming* é uma técnica de desenvolvimento de pensamento lateral. Nele, são feitos esboços em um diagrama não linear, dentro do qual o tema é explorado de forma mais profunda, encontrando conexões e associações capazes de fortalecer o conceito.

Uma maneira de começar a utilizar o pensamento lateral na busca de um conceito ou ideia é: ao pensar no *briefing*, deve-se anotar tudo o que vem à mente. Em seguida, é indicado criar uma segunda lista que contenha elementos relacionados a cada item da primeira lista, esse processo é denominado *mapa mental*. Recomenda-se traçar linhas que façam a ligação de uma ideia à outra e aos elementos principais, bem como a seus temas e subtemas.

Desenho exploratório

O desenho exploratório, de acordo com Dabner, Stewart e Zempol (2019), é um recurso importante a ser utilizado nas etapas de pesquisa, pois, por meio dele, é possível que as ideias em mente, materializadas no papel, sejam transformadas em algo concreto, visível, passível de ser avaliado.

No design gráfico, o desenho ainda é a manifestação mais imediata da representação de ideias. O desenho exploratório é entendido como os esboços, os rascunhos feitos no momento da criação, sem compromisso, portanto, com a produção final.

> O desenho exploratório é uma maneira de traduzir o mundo exterior e de dar forma concreta a ideias abstratas. Crias esboços e desenhos é uma maneira de se engajar em um processo de observação constante, que ajuda a entender melhor o mundo ao seu redor. Embora a tecnologia dos computadores seja outra ferramenta para o desenvolvimento de ideias, você deve tratar o desenho como a base expressiva que dá suporte às suas decisões de design. (Dabner; Stewart; Zempol, 2019, p. 16)

Os estilos de representação, por sua vez, são basicamente dois: o figurativo, ou representacional, e o não figurativo. No **figurativo**, formas e objetos são desenhados de maneira mais "real" e de acordo com aquilo que se vê, logo, o desenho funciona como uma reprodução da realidade. No desenho de figura humana, por exemplo, é preciso representar as formas do corpo seguindo regras de proporção, forma, perspectiva e ser fiel ao que está sendo visto. No desenho **não figurativo**, um objeto estanque é observado sob um ponto de vista, e dele é realizada uma interpretação. Esse objeto é representado por meio do desenho, seguindo uma série de técnicas, ferramentas e recursos próprios (Dabner; Stewart; Zempol, 2019).

Visualização de ideias

A etapa de visualização de ideias é uma das mais importantes no processo de design, pois é quando se desenvolvem esboços e, com base neles, possíveis ideias são geradas. O estudante de design precisa lembrar sempre que a habilidade de colocar as ideias no papel tem de ser constantemente desenvolvida e aperfeiçoada.

Dabner, Stewart e Zempol (2019) mencionam que, ao realizar as etapas iniciais do projeto, as primeiras ideias devem se formar rápida e fluidamente, como em um *brainstorming*. Isto é, variadas ideias devem ser colocadas na mesa para que, posteriormente, elas possam ser refinadas e aprimoradas.

> Uma vantagem importante de desenvolver a capacidade de produzir esboços rápidos e eficazes é que, ao apresentar as ideias aos clientes, você pode dar alternativas rapidamente, mantendo uma abordagem estimulante e relativamente irrestrita.

Isso, por sua vez, faz que os clientes tenham confiança em sua disposição para ser flexível e aberto, além de demonstrar suas capacidades de design. (Dabner; Stewart; Zempol, 2019, p. 19)

A melhor maneira de visualizar as ideias é por meio de esboços simples e com formas básicas. Esses esboços podem ser desenhos, mas nada impede que sejam usadas colagens, elementos gráficos ou até mesmo montagens no computador.

Teoria da imagem e do texto

A comunicação visual, para ser efetiva e bem-sucedida, depende da capacidade de atingir o público a que se destina. Às vezes, a resposta é uma reação imediata. Assim, as imagens são usadas, maiormente, para evocar um estado emocional que torna o expectador receptivo àquilo que se quer transmitir.

Dabner, Stewart e Zempol (2019) elencam os conhecimentos necessários para que os designers consigam expressar-se claramente. Para tanto, eles têm de valer-se de recursos que transmitam uma linguagem visual clara e forte, sendo preciso conhecer os seguintes pontos:

- **Retórica** – Originalmente, a retórica está ligada à linguagem verbal. Em uma linguagem visual, o conceito de retórica descreve o **tom de voz visual** escolhido para determinada comunicação visual. Trata-se de uma habilidade persuasiva.
- **Semiótica e símbolos** – A semiótica é o estudo dos signos, é a ciência que se dedica às linguagens. Portanto, ela estuda todo e qualquer elemento que sirva à comunicação.

- **Didática** – É possível acrescentar nuances à maioria dos elementos visuais. Contudo, a clareza na comunicação deve ser mantida, e essas informações precisam ser apresentadas de forma visualmente criativa e educativa, a fim de que sejam eficientes.
- **Estilos de símbolos** – Os símbolos são vistos com frequência na comunicação visual. É fundamental aplicá-los adequadamente, pensando no público, na finalidade e no objetivo do trabalho.

Com os tópicos abordados neste capítulo, esperamos que você tenha se aventurado nesse universo fantástico do design, tanto por meio de conceitos e princípios teóricos quanto práticos. Almejamos ter proporcionado um mergulho, embora superficial, na história do design, que também é a história da comunicação humana. Agora, é hora de mergulhar profundamente e conhecer um pouco mais sobre as bibliografias fundamentais do design, pois a leitura e o estudo empenhado são características essenciais de quem almeja ser um designer de sucesso.

anjelika1994/Shutterstock

CAPÍTULO 2

O DESIGN PELO MUNDO

No Capítulo 1, revisitamos a história do design, procurando entender o desenvolvimento humano no universo da comunicação visual. A história é uma ciência que estuda o avanço (não somente em sentido positivista) da humanidade através do tempo. É por meio dela que analisamos processos, costumes, personagens e fatos. Assim, conhecer o passado é um passaporte para entender o presente. Entretanto, apenas conhecê-lo é muito pouco, precisamos usufruir do conhecimento obtido para criar e recriar o futuro.

Alocados no século XXI, vivemos, atualmente, a globalização em tempo real: as informações surgem na internet, as tendências, os produtos, as pessoas estão muito próximos de nós. Podemos, por exemplo, visitar uma exposição sem sair de casa. Dessa forma, as influências deixaram de ser territoriais e se tornaram globais. Todavia, fatores culturais, sociais, econômicos e educacionais influenciam sobremaneira os processos do design de qualquer modalidade.

Para traçarmos um panorama do design mundial, vamos analisar, inicialmente, a classificação organizada pela instituição A'Design Award and Competition, denominada *World Design Rankings* (WDR). Essa classificação é gerada pelo número de prêmios internacionais que cada país recebe. Esses prêmios têm um nível de pontuação que são representados pelas seguintes categorias: ferro, bronze, prata, ouro e platina, e o resultado é gerado pela soma total desses pontos (Belin, 2019).

Sobre A'Design Award and Competition, vale destacar sua relevância em virtude de sua atualidade, podemos dizer que se trata do "Oscar" do design, cobiçado por designers e empresas de todo o mundo.

O A'Design Award não é apenas um prêmio, é o indicador de qualidade e de perfeição no design. Essa premiação é reconhecida mundialmente e chama a atenção de empresas, profissionais e grupos de interesse orientados para o design [...] O A'Design Award visa a fornecer uma audiência global para os vencedores do prêmio a fim de que mostrem seu sucesso e talento. (A'Design Award & Competition, 2021, tradução nossa)

O *ranking* e o prêmio existem desde 2010, ocorrem sempre no primeiro semestre e contemplam 99 categorias.

2.1 Países destaques no design

O fio condutor desta seção será a publicação do WDR. Logo, consideraremos a colocação dos países nesse *ranking*, contemplando história, fatos, eventos, notícias e instituições que nos ajudem a entender e conhecer as razões pelas quais certos países se destacam no quesito design. Salientamos, ainda, que as pesquisas para a composição desta seção foram fundamentadas apenas em informações da *web*, em virtude de sua atualidade e, também, da escassez de dados registrados em livros.

A Tabela 2.1, a seguir, apresenta o *ranking* dos 20 primeiros países colocados no WDR de 2019.

Tabela 2.1 – **Colocação dos 20 primeiros países no WDR de 2019**

Classificação	País	Prêmios	Pontos	Platina	Ouro	Prata	Bronze	Ferro	Média
1º	China	2272	8201	86	375	798	592	421	3,61
2º	Estados Unidos	1038	3791	67	205	297	238	231	3,65
3º	Japão	481	1866	41.	105	161	103	71	3,88
4º	Itália	473	1709	29	81	149	106	108	3,61
5º	Hong Kong (China)	755	2673	22	121	254	204	154	3,54
6º	Grã Bretanha	311	1150	20	52	110	72	57	3,70
7º	Taiwan	1566	5011	15	113	450	580	408	3,20
8º	Alemanha	269	994	15	46	103	52	53	3,70
9º	Turquia	528	1770	14	83	135	139	157	3,35
10º	Austrália	134	488	12	23	34	35	30	3,64
11º	Brasil	277	1000	10	49	94	71	53	3,61
12º	Portugal	131	507	10	34	41	21	25	3,87
13º	Espanha	176	635	9	29	61	38	39	3,61
14º	Países Baixos	76	294	8	10	19	18	20	3,87
15º	Suíça	75	268	8	10	19	18	20	3.57
16º	República da Coreia	225	765	7	31	75	44	68	3,40
17º	Polônia	89	322	7	16	20	28	18	3,62
18º	Federação Russa	220	758	5	33	72	55	55	3,45
19º	Canadá	170	602	5	33	49	45	38	3,54
20º	Índia	282	901	5	31	72	80	94	3,20

Fonte: Elaborado com base em World Design Rankings, 2021.

Agora, com base nesses dados, faremos uma breve análise de alguns países para que possamos nos situar no cenário mundial do design.

2.1.1 China: entre a tradição e a inovação

Pela primeira vez, a China lidera o WDR, tendo obtido diversos prêmios de platina. A sociedade chinesa, de maneira geral, valoriza sua ancestralidade e sua história, bem como cultua hábitos milenares, contudo, ao mesmo tempo, está conectada ao mundo contemporâneo e a seus apelos.

De acordo com Gustavsen (2013), os designs chineses realizam muitas pesquisas e utilizam sem medo a tecnologia, empregando usos diferenciados para materiais considerados tradicionais (bambu, aço, entre outros), sem perder de vista, porém, seu espírito oriental. Os designers e a área do design chinês têm um propósito claro: estar entre os principais nomes do mundo.

Dessas observações e dos registros que encontramos sobre a China, é possível constatar que existe uma franca expansão na área. Ao pensarmos mais especificamente no design gráfico, de games e de animação, o que sabemos é que a China é o maior consumidor de jogos digitais no planeta, eis o porquê dos altos investimentos e do interesse crescente.

2.1.2 Estados Unidos: um país repleto de espaços dedicados ao design

O segundo colocado no WRD, conforme vimos, são os Estados Unidos, que durante muito tempo esteve na liderança desse *ranking*.

Nova York, cidade multicultural e cosmopolita, é conhecida por abrigar famosos ateliês e escritórios de design. Também realiza salões de design renomados, nos quais são divulgadas, lançadas e compartilhadas tendências no design mundial.

Em uma pesquisa pelos diversos *sites* sobre design, é possível encontrar as agendas de exposições pelo mundo, consultar a crítica e visualizar as obras expostas. Alguns dos eventos mais significativos são as semanas de design, quais sejam: Milan Design Week (que ocorre no mês de abril); NY Design Festival (em maio); Paris Design Week (em setembro); London Design Festival (também em setembro); e a arte Basel (em dezembro).

Outro fator que demonstra a importância da área, valorizando e dando acesso democrático às tendências e aos trabalhos de design e arte, são os museus. A seguir, listamos os principais (e mais importantes):

- **Museum of Design Atlanta** (Atlanta, Geórgia) – Esse museu está localizado no distrito das artes de Midtown e é popularmente conhecido por sua abreviação: *Moda*. É o único museu de design no sudeste dos Estados Unidos e, podemos dizer, ele é muito mais do que somente um museu, é um lugar vivo, disponível à comunidade, no qual mostras, palestras, leituras e cursos são estruturados por duas questões centrais: (1) Qual é o museu do século XXI? (2) Um museu de design pode mudar o mundo? O *site* do museu, disponível neste link: https://www.museumof design.org/, demonstra sua grande atuação social.
- **Museum of Modern Art** (Nova York) – Mais conhecido como *MoMA*, e disponível para acesso neste link: https://www. moma.org/about/, esse museu congrega a maior coleção de arte

moderna e contemporânea do mundo, e caracteriza-se como um lugar que alimenta a criatividade e a inovação. Sua missão é ajudar as pessoas a interpretar e a apreciar a arte. Ele oferece espaços inclusivos e afirma que todas as manifestações culturais, políticas e artísticas são bem-vindas.

- **Design Museum of Chicago** (Chicago, Illinois) – Esse museu atua e colabora com as organizações comunitárias, com o intuito de promover experiências e despertar a curiosidade, a inovação e a criatividade. Tem como principal objetivo ampliar o diálogo sobre o design a fim de incorporar o maior número possível de vozes e de perspectivas, e pode ser acessado neste link: https://designchicago.org/.
- **Museum of Arts and Design** (Nova York) – Mais conhecido como *MAD*, esse museu foi fundado em 1956 e proclama sua missão da seguinte forma:

A missão do Museu de Artes e Design (MAD) é coletar, exibir e interpretar objetos que documentam a inovação contemporânea e histórica em artesanato, arte e design. Em suas exposições e programas educacionais, o Museu celebra o processo criativo por meio do qual os materiais são transformados em obras que valorizam e melhoram a vida contemporânea. (Museum of Arts and Design, 2021, tradução nossa)

Essas e outras informações sobre o museu podem ser encontradas neste link: https://madmuseum.org/about.
- **Cooper Hewitt** (Nova York) – Trata-se de um museu voltado integralmente ao design e está localizado na famosa área Museum Mile, em Nova York. Inspirado no Musée des Arts Décoratifs, em Paris, as coleções apresentadas no museu exibem cerca de

240 anos de design estético e de criatividade. Para saber mais, acesse o *site*, disponível na internet: https://www.cooperhewitt.org/.

- **Museum of Craft and Design** (São Francisco, Califórnia) – Esse museu é dedicado exclusivamente ao artesanato e a designs modernos e contemporâneos. O MCD, como é conhecido, conta com designers, criadores e artistas que apresentam uma série de exposições e programas públicos voltados ao artesanato e ao design; alguns podem ser conferidos em seu *site*: https://sfmcd.org/. Como instituição não colecionadora, o museu colabora ativamente com artistas, designers, museus e universidades, além de fornecer espaços para profissionais de design.
- **Design Museum Everywhere** (Portland, Oregon) – Esse é mais um museu inovador, ele não tem "um lugar", pois está em todos os espaços, promovendo o design, educando as pessoas a se tornarem criativas e solucionadoras de problemas, e tudo isso por meio do design. Seu objetivo principal é inspirar pessoas, mostrando alternativas por meio de conteúdos, exposições públicas e eventos. Ele pertence à rede Design Museum Foudation. Ainda, é possível participar dos eventos *on-line* (e são muitos!), basta acessar este *site*: https://designmuseumfoundation.org/branch/portland/.
- **Design Museum Foundation** (Boston, Massachussets) – Trata-se de uma nova definição de museu, com conceito ressignificado. Não tem uma sede, está presente nas cidades, nos lugares por onde as pessoas andam, é itinerante, *on-line* e acessível a todos. Realiza eventos, exposições e outras ações em *shoppings*, escritórios, lojas, galerias, espaços públicos ou qualquer outro lugar.

Publica trimestralmente artigos escritos por líderes e pensadores das 12 áreas de impacto do design. O que acha de se conectar a essa corrente inovadora? Basta apenas um clique para acessar o *site*: https://designmuseumfoundation.org/branch/boston/.

Esses são alguns dos principais espaços de divulgação, desenvolvimento, criação, formação e compartilhamento de saberes a respeito do design nos Estados Unidos. É fácil perceber que o país absorve muito dessa atividade de design, também em decorrência de ter sediado, no passado, movimentos e escolas de design e de, hoje em dia, continuar ditando inovações.

Assim, grandes escritórios de design estão domiciliados nos Estados Unidos, além de empresas de renome que primam pela inovação em seus produtos. Como exemplo, podemos citar o Vale do Silício, que é um celeiro de inovação tecnológica diretamente ligado ao design e suas diversas modalidades.

2.1.3 Japão: um museu de arte conceitual a céu aberto

Os japoneses são popularmente conhecidos como inventivos e criativos. Poderíamos dedicar várias páginas a respeito da contribuição japonesa por suas criações e invenções que transformaram radicalmente a humanidade. Foi do Japão que surgiram tecnologias que hoje estão incorporadas à vida de quase todo o ser humano. A lista é imensa: DVD, celular com câmera, bateria de lítio, *notebook*, impressora 3D, entre muitas outras contribuições (Positivo, 2018).

Obviamente, o design está presente de maneira intrínseca no desenvolvimento dessas tecnologias, pois, junto ao "invento", existe todo um trabalho relacionado ao *layout*, à ergonomia e à usabilidade do produto. E esse espaço é do design. Aliado a isso, cabe ao design representar a cultura de uma nação que tem características peculiares relacionadas à arte.

Ao tratarmos do design japonês, vale salientar que o Japão tem ditado tendências, por exemplo na arquitetura, em que as formas leves e minimalistas têm sido utilizadas por diversos artistas e profissionais. O país tem usado todo seu potencial de design e inovação não só na construção de produtos, mas também na criação de roteiros turísticos para quem visita o país.

A Organização Nacional de Turismo do Japão, o Japan Endless Discovery (2021), apresenta as seguintes informações:

> **As cenas artísticas, de design e de arquitetura do Japão oferecem de tudo, do antigo à vanguarda.**
> Visite o Museu de Arte Contemporânea do Século XXI em Kanazawa para ver tudo o que é moderno, ou vá ao Museu Nacional de Arte de Osaka em Osaka ou ao Museu Nacional de Tóquio para mostras históricas. Para conhecer melhor o artista popular Katsushika Hokusai e suas pinturas ukiyo-e, em placas de madeira, da era Edo (1603-1867), visite o Museu Hokusaikan na Província de Nagano.
> Andar pelas ruas das principais cidades japonesas é como passear por um museu conceitual, pois muitos edifícios oferecem inspiração arquitetônica. Da imensa Estação de Tóquio até os edifícios Mikimoto 2 e Prada nos bairros de Tóquio, há surpresas estruturais para descobrir em cada canto. Opcionalmente, visite um dos verdadeiros museus arquitetônicos do país, como o 21_21 Design Sight de Tóquio ou o Museu Archi-Depot para saber mais a respeito.

Portanto, o design japonês é igualmente importante de ser estudado e analisado, sobretudo, tendo em vista que todo e qualquer conteúdo de qualidade pode servir de inspiração para uma nova criação!

2.1.4 Itália: um design de vanguarda e tradição

A Itália carrega uma tradição inegável na área do design. Lembremos de sua atuação na moda, no mobiliário, nas artes em geral. Certamente, isso a eleva a uma categoria de referência no design mundial.

Em 1950, a Itália teve sua projeção atualizada, pois começou a apresentar usos inovadores para materiais como plástico, borracha, acrílico, dando uma nova percepção estética aos produtos.

> Com formas orgânicas, era possível juntar funcionalidade e beleza, transformando os objetos em "acessórios de moda" e mantendo a produção em massa usando técnicas modernas.
>
> Foi nesse mesmo momento que aconteceu o surgimento de grandes empresas e criações. Carros, lâmpadas, cadeiras, Vespa e máquinas de escrever: sempre dotados de particularidades, todos esses itens influenciaram a época e continuam a inspirar atualmente. (Vegini, 2017)

Vejamos, a seguir, alguns eventos importantes na área que ocorrem no país:

- **Semana do Design de Milão** – É um evento gigantesco, com mais de 20 pavilhões, uma feira internacional que acontece desde 1961. São estandes de empresas do mundo todo que querem expor seus produtos para milhares de pessoas também de todos os lugares do planeta. O Salão Satélite é dedicado aos jovens (com menos de 35 anos) de escolas de design.
- **Fuorisalone** – Pela necessidade de aumentar o espaço de atuação da semana de design e, também, de democratizar seu acesso, surgiu o Fuorisalone (em português, "fora do salão"), que se tornou

mais famoso que o próprio Salão. São instalações, exposições, lançamentos nas lojas e *talks*. É como se cada loja tivesse algo a apresentar, assim, o evento funciona como um extraordinário veículo de promoção. Em virtude da pandemia do Sars-CoV-2, a semana do ano de 2020 foi adiada, porém, o Fuorisalone ganhou um novo formato – o Fuorisalone.it.: "O Fuorisalone 2020 foi lançado em 15 de junho com uma nova e renovada edição digital, que contou com a presença de novos instrumentos: Fuorisalone TV e Fuorisalone Meets e o lançamento de dois novos canais Fuorisalone China e Fuorisalone Japão" (Fuorisalone, 2021, tradução nossa).

Outra evidência dessa cultura e preocupação com o design na Itália está na criação do Dia Internacional do Design Italiano (comemorado em 3 de março). Assim, por conta da data, são realizados inúmeros eventos nacionais e internacionais, e os países interessados, por meio de embaixadas e ateliês de design, promovem exposições, encontros e palestras.

2.1.5 Taiwan: incentivo aos novos talentos e promoção educacional

Com uma atitude visionária em termos de política pública, há alguns anos, Taiwan definiu como prioridade a busca pela excelência em tecnologia e em engenharia. Dessa forma, o design angariou um lugar de destaque na educação.

O país promove um dos maiores concursos estudantis em design do mundo, o Taiwan International Student Design Competition (TISDC). O evento é organizado pelo Ministério da Educação de Taiwan, promovido pela Asia University e patrocinado pela Sayling

Wen Cultural & Educational Foundation e pela iSee Taiwan Foundation (TISDC, 2021).

Assim, com uma diretriz governamental de incentivo ao estudo da inovação e à tecnologia, esse talvez seja o grande motivo da colocação de Taiwan no *ranking* do WDR.

2.1.6 Alemanha: berço da primeira escola de design – a Bauhaus

Quando tratamos da história do design, registramos o nascimento da primeira escola de design no mundo: a **Staatliches Bauhaus**, que foi uma escola de arte vanguardista na Alemanha e uma das maiores e mais importantes expressões do modernismo no design e na arquitetura. Como a escola se transformou em um "movimento" de design, suas diretrizes permanecem nos atuais estudos de arquitetura. Da vanguarda alemã, nasceu uma forma de pensar com marcas expressivas na atualidade.

São muitos os espaços dedicados ao estudo e à divulgação do design, e a maioria deles tem *sites* que permitem um *tour* virtual. Esses espaços também se renovam constantemente para atender às novas tendências e demandas, visto que, praticamente em qualquer museu do mundo, é possível participar de grandes eventos de modo virtual. O Vitra Design Museum, por exemplo, dedicado à pesquisa e à apresentação do design tanto no passado quanto no presente, evidencia a relação com a arquitetura, a arte e a cultura cotidiana, e pode ser visitado no seguinte *site*: https://www.design-museum.de/en/about-us/the-vitra-design-museum.html

A seguir, apresentamos alguns eventos importantes na área do design alemão.

Quadro 2.1 – **Eventos e museus alemães**

Evento/Museu	Cidade	Período
Smart Workspace Design	Berlim	junho 2020
Unity 3D Berlin	Berlim	*Meetups* Permanente
Museu Pergamon	Ilha dos Museus Berlim	Virtual
Museu Lenbachhaus	Munique	Virtual
Museu Novo (Neues Museum)	Berlim	Virtual

2.1.7 O design no Brasil: uma área promissora

No Brasil, o design iniciou na década de 1950, com a organização de um grupo de desenhistas industriais. Na época, Lina Bo Bardi, uma italiana modernista, dedicou-se a essa organização de desenhistas, pois identificou no Brasil um grande potencial. E Bo Bardi tinha razão, visto que, depois de seis décadas, o Brasil figura entre os países que acumulam mais premiação em design no mundo. Contudo, o desafio da superação ainda está em curso, pois, segundo pesquisadores da área, os designers brasileiros precisam encontrar seu lugar nesse universo (Belin, 2019).

Em 2014, o Serviço Brasileiro de Apoio às Micro e Pequenas Empresas (Sebrae) publicou um relatório sobre o design no país, no qual apresentou um panorama da atividade em retrospecto histórico-cultural. Segundo as informações contidas nesse relatório:

> Pode-se considerar o ano 1963 como marco inicial do design no Brasil, com a criação da Escola Superior de Desenho Industrial (ESDI), primeira escola de design brasileira.

Nesse período, surgiram também os primeiros cursos em faculdades, nos estados de Minas Gerais, Rio de Janeiro e São Paulo, e a primeira associação de profissionais de design – a Associação Brasileira de Desenhistas Industriais (ABDI).

Já nas décadas de 1970 e 1980, o estímulo às exportações criou um terreno fértil para a expansão do design no país. A indústria começou a se interessar pelo assunto e surgiram, assim, os primeiros núcleos de apoio à inserção do tema no setor produtivo. (Sebrae, 2014)

No Quadro 2.2, apresentamos alguns eventos de design ocorridos no Brasil no ano de 2020. Ainda que muitos desses eventos tenham sido realizados virtualmente, tais encontros são importantes para o entendimento e a divulgação do design brasileiro.

Quadro 2.2 – **Eventos e espaços de design no Brasil**

Eventos/espaços	Cidade	Período
34ª Bienal de São Paulo	São Paulo	A programação foi estendida até o final de 2021. A mostra coletiva será transferida para o período de 4 de setembro a 5 dezembro de 2021.
Design Weekend	São Paulo	16 a 23 de agosto 2020
Museu da Casa Brasileira	São Paulo	Exposições virtuais permanentes
Museu Oscar Niemeyer (MON)	Curitiba	Exposições virtuais permanentes
A Casa – Museu do objeto brasileiro	São Paulo	Exposições virtuais permanentes
Museu Belas Artes de São Paulo	São Paulo	Exposições virtuais permanentes
Museu da cidade de São Paulo/Casa Modernista	São Paulo	Exposições virtuais permanentes
Museu de Ciências e Tecnologia – PUCRS	Porto Alegre	Exposições virtuais permanentes
Museu de Arte Contemporânea de Niterói	Niterói	Exposições virtuais permanentes

São muitos os espaços e os eventos que influenciam e desenvolvem o design brasileiro. Podemos dizer que existe um movimento consistente de profissionais dessa área, que constrói, aos poucos, uma identidade nacional e consolida a atividade como um dos fatores de projeção mundial.

Diversos eventos específicos da área de design acontecem no país e internacionalmente, e os brasileiros sempre estão presentes. No Brasil, há escolas especializadas em design, cursos livres, técnicos, superiores e pós-graduações. Além disso, os profissionais brasileiros também atuam no exterior e são altamente reconhecidos, portanto, quem escolhe essa profissão está bem-assistido no que diz respeito à garantia de emprego, mas é preciso lembrar que, hoje, vivemos na era *"lifelong learning"*, ou seja, devemos estudar por toda a vida a fim de aprimorar nosso trabalho e percorrer novos caminhos.

2.2 Empresas de design no Brasil e no mundo

A trajetória de uma empresa de design e dos profissionais que a integram não corresponde a um caminho glamuroso, repleto de prêmios e muito dinheiro: tudo isso acontece depois de muito trabalho e empenho. A título de conhecimento, vamos elencar algumas das mais renomadas agências de design do mundo. Cesar (2021) publicou, no *site* Des1gnON, uma lista de empresas prestigiadas internacionalmente na área do design. Vejamos:

1. **Pentagram** – Essa empresa, dedicada ao design gráfico, é uma das mais famosas no mundo nessa área. Entre seus parceiros estão Alan Fletcher, Bob Gill, Paula Scher e Michael Beirute. Sua sede é em Londres e suas filiais situam-se em Nova York, São Francisco, Berlim e Austin.
2. **Landor** – Com sede em São Francisco e uma carteira de clientes "*supervips*", como Kellogg's e Duracell, essa organização tem escritórios em 20 países. Suas filiais estão espalhadas por Melbourne, Cidade do México, Milão, Moscou, Bangkok, Pequim, Cidade do Cabo, Chicago, Cincinnati, Dubai, Genebra, Hamburgo, Hanói, Hong Kong, Jacarta, Kuala Lumpur, Londres, Mumbai, Nova York, Paris, Seul, Xangai, Singapura, Sydney e Tóquio.
3. **Meta Design** – Essa empresa, famosa por criar experiências de marca atraentes, existe há mais de 20 anos. A Meta Design desenvolveu, por exemplo, o sistema de design da Adobe, desde a embalagem do produto até os ícones do *software*. Sua sede é em São Francisco e suas filiais situam-se em Zurique, Pequim, Berlim, Düsseldorf e Genebra.
4. **Saffron Consultants Marca** – A Saffron, por meio de um pensamento rigoroso e ideias ousadas, propõe novas transformações para marcas e empresas. Fundada em 2001, essa empresa está alinhada com a globalização e com o potencial dos mercados emergentes. Um de seus clientes de renome é a C&A. Sua sede é em Madri e seus escritórios podem ser encontrados em Londres, Nova York, Mumbai, Viena e Istambul.
5. **Dessein** – Com mais de 25 anos de mercado, a agência Dessein acumula inúmeros prêmios internacionais, sobretudo no quesito criatividade, e está sediada em Perth, na Austrália.

6. **Labbrand** – Essa empresa criou campanhas que auxiliaram grandes organizações globais a traduzir e a criar conscientização de sua marca no mercado chinês, a Pepsi é um exemplo. A Labbrand, sediada em Xangai, concedeu a Pepsi uma maior relevância da marca na China.
7. **Casa Rex** – Empresa brasileira sediada em São Paulo e liderada por Gustavo Piqueira, que ganhou mais de 200 prêmios internacionais de design. A Casa Rex tem dominado o mercado mundial e conta com grandes marcas em seu portfólio, como a Dove.
8. **ID & B.** – Fundada em 2005, a ID & B. está sediada na Cidade do Cabo e presta serviço para muitas marcas internacionais, ostentando um invejável portfólio.
9. **Tátil** – Mais uma empresa brasileira com um portfólio de trabalhos incrível, a Tátil criou campanhas para empresas como Natura, Rio 2016, Instituto Burle Marx, Coca-Cola, Skol, Tim, Netflix e Magazine Luiza. Sua sede é no Rio de Janeiro.
10. **FutureBrand** – Essa é considerada uma gigante entre as empresas de design, ela define e conecta todos os aspectos de uma experiência de marca. Sediada em Londres, tem escritórios em Nova York, Pequim, Bogotá, Buenos Aires, Dubai, Lima, Genebra, Madri, Melbourne, Milão, Paris, São Francisco, São Paulo, entre outros países.

Em suma, essa é a lista das dez empresas de design mais conceituadas, porém, existem muitas outras que valem a pena ser pesquisadas e conhecidas mais de perto.

2.3 Designers famosos internacionalmente

Agora que você já conheceu algumas empresas renomadas de design, deve estar se perguntando sobre os profissionais por detrás dessas organizações, afinal uma empresa de design nada seria sem seus designers. Guerrero (2021) publicou recentemente uma lista com 50 profissionais famosos por seus trabalhos. Aqui vamos relacionar os "*top* 10".

1. **Aaron Draplin** – Designer autodidata que descobriu seu talento aos 19 anos, quando praticava *snowboard*. Ele conta que passou dois anos lendo e pesquisando sobre design e sua primeira criação foram gráficos sobre *snowboard*.
2. **Erik Marinovich** – Designer de *lettering*, de São Francisco, admite que sua motivação está atrelada a uma abordagem tátil das fontes. É cofundador do *blog* Friends of Type.
3. **Richard Perez** – Perez, por meio de seu estilo autêntico, montou uma carteira de perfil variado e com clientes de peso – como Google, Facebook e até a banda de indie pop Death Cab for Cutie.
4. **Lauren Hom** – Artista do Brooklyn, em Nova York, Hom é muito conhecida por sua paleta de cores brilhantes e suas fontes divertidas. Já realizou trabalhos para o Time Magazine e Youtube, por exemplo.
5. **Violaine & Jeremy** – Essa é uma dupla francesa que cria ilustrações curiosas e editoriais para revistas corporativas, sempre apresentando obras criativas e ecléticas.
6. **Frank Chimero** – Esse designer propõe muitas reflexões sobre a área de design. Com um estúdio de design chamado *Another*,

ele trabalha o meio-termo entre o digital e o analógico, a arte e o comércio, o alcance e a ressonância.

7. **Sean McCabe** – Dedicado a letras manuscritas, McCabe veicula um dos conteúdos mais enriquecedores da internet. Ele trabalha com hierarquia de composição, logomarcas customizadas, digitação, venda, licenciamento e contratos de design.
8. **Alex Trochut** – Responsável por criar designs famosíssimos, Trochut propõe uma transformação para a corrente minimalista moderna. Trabalha para grandes marcas, como a Absolut, Coca-Cola e The New York Times. O lema de Trochut é: "mais é mais", o que é evidente em seu trabalho.
9. **Viktor Hertz** – Ele é o criador do *The Noun Project*, uma das coleções de ícones mais completas da *web*. Isso evidencia claramente sua preferência por pictogramas e outras formas simples de composição.
10. **Lotta Nieminen** – Trata-se de um jovem designer com seu próprio estúdio em Nova York. Ele já conquistou clientes como Hermès, Google e The New York Times e integrou a lista "30 abaixo dos 30" da Forbes. Além disso, também venceu o prêmio ADC Young Guns.

Embora tenhamos elencado, aqui, os 10 primeiros colocados da lista de designers influentes elaborada por Guerrero (2021), vale a pena conferir o nome dos outros 40 e explorar seus portfólios. O artigo encontra-se neste *site*: https://www.canva.com/pt_br/aprenda/50-designers-famosos-e-incriveis/.

2.3.1 Designers brasileiros que fazem história

Depois de conhecer alguns nomes estrangeiros importantes do design, você pode se perguntar: Quem são os grandes nomes brasileiros dessa área? Já adiantamos que existem muitos expoentes fazendo sucesso no Brasil e no mundo. Vejamos alguns deles:

1. **Alexandre Wollner** – Nascido em São Paulo, capital, em 1928, Wollner escolheu o design gráfico, e sua produção caracteriza-se fortemente pelo rigor e pela objetividade, que resultam de sua relação com a arte concreta. "É um dos responsáveis pela profissionalização do design no Brasil, por meio de sua execução e divulgação. À frente de programas pioneiros de design moderno, cria e remodela a identidade visual de conhecidos produtos e instituições brasileiras" (Enciclopédia Itaú Cultural, 2018).
2. **Ruth Kedar** – Designer multidisciplinar e criadora de obras de arte e design que já foram exibidas e reconhecidas no exterior, em países como os Estados Unidos. Kedar volta-se para a integração de novas vias de pensamento utilizando uma estética sofisticada para desenvolver soluções inovadoras, visando propor novos caminhos para problemas de negócios complexos. Ao mesmo tempo, a designer preocupa-se em oferecer ao usuário experiências consistentes com a marca. Foi ela quem projetou, por exemplo, o logotipo do Google.
3. **Ana Couto** – Especialista em branding, Couto é sócia/proprietária da agência que leva seu nome, já atendeu marcas como Youse, Dafiti, Old Spice, Arezzo, Coca-Cola, Buscapé e o Aeroporto Rio Galeão.

4. **Fred Gelli** – Sócio fundador da Tátil, empresa que figura entre as organizações mais prestigiadas na área de design, da qual tratamos brevemente na Seção 2.2. Gelli foi o responsável pela identidade visual das Olimpíadas e Paralimpíadas Rio 2016, por exemplo.

5. **Cristiana Grether** – Diretora Global de Capacitação em Design da Coca-Cola, Grether liderou a maior transformação no visual da marca. Além disso, ela foi responsável por implementar o design *thinking* na companhia.

6. **Eduardo Lima** – Tendo trabalhado em todos os oito filmes da franquia Harry Potter, Lima criou o Jornal Profeta Diário, o Mapa do Maroto, a Árvore genealógica dos Black e a tão sonhada Carta de admissão de Hogwarts.

Por fim, neste capítulo, tivemos a oportunidade de discorrer sobre empresas, designers, projetos, eventos de design no mundo e no Brasil. Mas, uma vez mais: o que vimos até o momento não é, por si só, suficiente. No próximo capítulo, vamos tratar do perfil profissional do designer, afinal, existe um mundo de oportunidades esperando por profissionais competentes.

LianeM/Shutterstock

CAPÍTULO 3

O PROFISSIONAL DESIGNER

Nos dois capítulos estudados anteriormente, vimos a história do design, seu posicionamento no mundo, bem como as empresas e os designers mais renomados. Neste capítulo, vamos tratar da carreira de designer, isto é, perseguiremos os seguintes questionamentos: Quem é o profissional do design? Quais são as áreas de atuação? Qual é a remuneração?

Grosso modo, o designer elabora projetos passíveis de serialização[1] ou industrialização. Sua atividade, de caráter teórico-científico, visa atender demandas empresariais diversas. O termo *designer* é relativamente novo, mas a atividade existe desde a Pré-História. De maneira geral, o designer é um projetista que almeja solucionar problemas.

A carreira em design está em alta, tanto no Brasil quanto no resto do mundo. O mais interessante é que existe um leque de opções e ramificações na área que permite ao profissional atuar no setor com o qual mais se identifica. Por isso, neste momento, enfatizaremos as subáreas do design.

As empresas já perceberam que o visual de seus produtos e serviços é um dos elementos importantes na relação com os clientes, e as novas tecnologias (aplicativos, *smartphones*, *sites* inteligentes etc.) fizeram com que essa necessidade se tornasse ainda mais urgente. Assim, se antes o profissional da área de design estava começando a ganhar notoriedade, hoje ele é peça fundamental nessa relação (Quais…, 2021).

---

1 "A serialização é uma técnica usada para persistir objetos, ou seja: gravar objetos em disco, fazer a transmissão remota de objetos via rede, armazenar os objetos em um banco de dados e/ou arquivos (binários, xml etc.) […] A serialização é o processo de armazenar um objeto, incluindo todos os atributos públicos e privados para um **stream**" (Macoratti, 2021, grifo do original).

3.1 Áreas do design

Se traduzíssemos a palavra *design* para o português, por analogia, chegaríamos ao termo "desenho". Uma concepção bastante simplificada diria que o design corresponde ao ato de tornar algo mais interessante, atraente, visualmente belo, esteticamente bonito. No entanto, é bem mais do que isso. O design é dotado de um significado mais amplo, que perpassa por conceitos como "planejar" ou "projetar" algo que atenda a um propósito específico. Dessa forma, o designer é um profissional que supera os conceitos estéticos, buscando significados e aplicações apropriadas e lucrativas para suas criações.

No Capítulo 1, conceituamos *design* de acordo com a história e a evolução do conceito. Se já sabemos *o que* é design, agora temos de perguntar: *para que* ele serve? De modo geral, o design serve para solucionar problemas de maneira criativa e inovadora. Logo, podemos assumir que se trata de "um segmento que busca soluções criativas e inovadoras, é uma atividade responsável por planejamento, gestão e criação de serviços ou de produtos" (Andersson, 2019).

Em alguns setores de determinadas empresas, por exemplo, a participação de profissionais do design é fundamental para o sucesso dos negócios. Entre esses setores, podemos citar as áreas de inovação, comunicação, qualidade e serviços. Assim, é fácil constatar a presença do design no cotidiano. Embora, muitas vezes, ele passe despercebido, trata-se de uma poderosa ferramenta inovadora que conta com uma diversidade enorme de aplicações.

Desse modo, há diversas áreas nas quais o designer pode atuar, indo sempre em busca de soluções inteligentes, aplicáveis e viáveis, que forneçam, ao cliente, o melhor custo-benefício e planejamento. Entre essas soluções, podemos citar aquelas atreladas ao produto, ao ambiente, à comunicação e ao serviço.

A seguir, abordamos as áreas maiormente influenciadas pelo design.

3.1.1 Design de produto

Quem se qualifica no setor da área de produto pode trabalhar com inovação, comunicação e gerência de projetos. Além disso, cabe esse profissional elaborar uma série de criações, como projetos tecnológicos, embalagens, brindes, concepções estéticas, identidades visuais, materiais promocionais, digitais e cenográficos. Também é possível criar objetos tridimensionais, que podem ser utilizados por diversas pessoas, em diversas situações. Os profissionais que atuam como designers de produto têm, como suas atribuições, desenhar, prototipar, testar e ajustar, exatamente nessa ordem. Sua atividade está focada no desenvolvimento de uma melhor aparência e funcionalidade para o produto.

Vejamos, a seguir, algumas possibilidades de atuação do designer de produtos:

- **Designer industrial**: cria o design de pequenas peças para máquinas de fábricas, como parafusos e brocas, móveis, automóveis, máquinas, equipamentos industriais etc.
- **Designer de embalagens**: desenvolve embalagens considerando a eficiência na transmissão do conceito da marca.

- **Designer de prototipagem**: desenvolve protótipos. Todo objeto precisa ser testado antes de chegar ao consumidor, portanto, o protótipo é essencial na detecção de possíveis problemas, a fim de que o projeto possa ser aprimorado ou até mesmo recriado com base nos testes efetuados com os protótipos.
- **Gerente de produto/projeto**: organiza o desenvolvimento de projetos, atuando como gestor. Para isso, é necessário explorar diversos pontos relacionados à empresa, como: objetivo de se criar determinado bem, processo criativo, produção e necessidades do cliente. Para exercer essa função, o profissional precisa saber lidar bem com pessoas e ter um tipo de visão sistêmica.
- **Designer de desenvolvimento de produtos**: melhora e inova os produtos das empresas, tendo como base a opinião dos consumidores e as necessidades do mercado. Isso pode ser feito tanto para produtos físicos quanto digitais. Alguns teóricos defendem que essa é uma função equivalente ao *User Experience designer* (UX designer).
- **Designer de moda**: tecidos, cores, materiais, passarelas e modelos são os objetos de trabalho desse designer. Ele é responsável por criar peças que serão tendência nas próximas estações, desenhar roupas, acessórios e figurinos, exercendo seu lado criativo, além de cuidar de assuntos mais estratégicos, como a gestão da indústria e do comércio, e de gerir os negócios da própria marca. O designer de moda mergulha nos conhecimentos de estilismo, de modelagem e de produção, cria coleções inteiras, monta desfiles completos, acompanha produções de fotos, vídeos e filmagens em geral.

A remuneração do designer de produto varia, obviamente, de acordo com a área de especialização escolhida. No Quadro 3.1, apresentamos algumas médias salariais de acordo com o tempo de experiência e o cargo ocupado.

Quadro 3.1 – **Salários: Designer de produto**

Porte da empresa	Salário médio				
	Trainee	Junior	Pleno	Senior	Master
Grande empresa	R$ 3.936,11	R$ 4.920,14	R$ 6.150,18	R$ 7.687,73	R$ 9.609,66
Média empresa	R$ 3.027,78	R$ 3.784,73	R$ 4.730,91	R$ 5.913,64	R$ 7.392,05
Pequena empresa	R$ 2.329,06	R$ 2.911,33	R$ 3.639,16	R$ 4.548,95	R$ 5.686,19

Fonte: Educa Mais Brasil, 2021e.

3.1.2 Design de ambientes

O design de ambiente, dentro da grande área do design, está voltado ao planejamento dos espaços, que podem ser residenciais, comerciais ou públicos. Esse designer sempre está em busca de uma solução, objetivando tornar o espaço mais agradável, funcional e com um bom visual estético (Andersson, 2019).

Um dos segmentos da área mais conhecido é o **design de interiores**. Esse ramo tem uma ligação direta com a arquitetura e a decoração. O profissional lida paralelamente com arte, estética de interiores, mobiliário, tecidos, distribuição de peças e ambientes, revestimentos, aproveitamento do espaço e da luz, além de sopesar o bem-estar de quem habita ou frequenta as edificações (imóveis habitacionais ou comerciais).

No Capítulo 2, na altura em que vimos as exposições e as feiras de design, muitas delas eram feiras de arquitetura e design, e muitos prêmios importantes em design advêm desse segmento. Portanto, o designer de interiores deve participar efetivamente de tais eventos, buscando atualizar-se quanto às tendências do momento.

O Quadro 3.2, a seguir, mostra a média salarial de um designer de interiores.

Quadro 3.2 – **Salários: Designer de interiores**

Porte da empresa	Salário médio				
	Trainee	Junior	Pleno	Senior	Master
Grande Empresa	R$ 2.122,81	R$ 2.441,23	R$ 2.807,42	R$ 3.228,53	R$ 3.712,81
Média Empresa	R$ 1.769,02	R$ 2.034,37	R$ 2.339,57	R$ 2.690,45	R$ 3.094,02
Pequena Empresa	R$ 1.474,17	R$ 1.695,30	R$ 1.949,60	R$ 2.242,04	R$ 2.578,35

Fonte: Educa Mais Brasil, 2021d.

3.1.3 Design de comunicação

No design, existem ramos que estão especificamente ligados à área digital (embora, hoje em dia, todas as áreas, em algum momento, apresentem um atributo digital). Tais áreas exigem uma visão mais ampla, ligada à tecnologia da informação (TI), e o designer necessita de competências com dispositivos móveis, interfaces para *sites*, games etc.

Design gráfico

Um dos ramos do design de comunicação é o design gráfico, que abrange, praticamente, todas as outras áreas do design. Esse profissional trabalha essencialmente com a comunicação visual, cria peças para campanhas na *web*, bem como peças impressas, como itens de papelaria, *outdoors*, anúncios em geral e qualquer tipo de identidade visual de empresas ou marcas. Para tanto, ele precisa ter habilidade e afinidade com desenho e arte. Outra afinidade fundamental é com a tecnologia, pois esse profissional utiliza muitas ferramentas de computação gráfica em seus projetos, além, é claro, de um espírito criativo e inovador.

São inúmeras as empresas que buscam os serviços de um designer gráfico, entre elas estão: agências de publicidade, editoras, departamentos de arte de empresas de comunicação, escritórios e estúdios de design, emissoras de TV, empresas de embalagens, gráficas, produtoras de vídeos, empresas cinematográficas etc.

As redes sociais, atualmente, também se tornaram um campo de atuação importantíssimo para esse designer. Nesse âmbito, o designer gráfico pode trabalhar, por exemplo, na identificação das cores, selecionando o formato e a fonte que dão personalidade ao projeto.

A média salarial de um designer de gráfico está apresentada no Quadro 3.3, a seguir.

Quadro 3.3 – **Salário: Designer gráfico**

Porte da empresa	Salário médio				
	Trainee	Junior	Pleno	Senior	Master
Grande empresa	R$ 2.731,00	R$ 3.140,65	R$ 3.611,75	R$ 4.153,51	R$ 4.776,54
Média empresa	R$ 2.275,83	R$ 2.617,21	R$ 3.009,79	R$ 3.461,26	R$ 3.980,45
Pequena empresa	R$ 1.896,53	R$ 2.181,01	R$ 2.508,16	R$ 2.884,38	R$ 3.317,04

Fonte: Educa Mais Brasil, 2021c.

Design editorial

O design editoral é uma especialidade do design gráfico. O profissional dessa área é responsável pelo projeto gráfico nas etapas de editoração e está diretamente ligado ao jornalismo, pois, seja ele diagramador, infografista, ilustrador, editor de arte, sua atuação está em contato frequente com jornalistas, escritores e editores (O que é…, 2021).

Vejamos algumas funções desempenhadas pelo designer editorial (O que é…, 2021):

- Design de livros – considerada a área fundante do design gráfico; corresponde a uma das maneiras mais antigas de se empregar o design editorial, mas, ainda hoje, é a base de muitos estudos e de publicações no geral.
- Design de revista – área que, atualmente, tem angariado certa influência no design gráfico. Alexey Brodovich é considerado um dos principais formadores do design da revista moderna; David Carson, por sua vez, é o nome de referência no processo de desconstrução da revista contemporânea.
- Design de jornal – a depender da linha editorial assumida, incluindo a hierarquização de matérias de acordo com sua ordem de importância, a diagramação concorda com os objetos e as linhas gráficas e editoriais desse impresso.
- Design editorial e computação gráfica – Se é possível asseverar uma grande transformação na profissão de design gráfico, esta ocorreu com a chegada da computação gráfica, pois as possibilidades de criação e reprodução ampliaram-se enormemente, tornando-se mais acessíveis e menos custosas.

Os principais *softwares* utilizados pelo design editorial estão divididos em três categorias: (1) *Softwares* de ilustração: Adobe Illustrator e Corel Draw; (2) *Softwares* de tratamento de imagem: Adobe Photoshop; (3) *Softwares* de diagramação: Adobe InDesign (O que é..., 2021).

O salário médio de um designer editorial vai de R$ 3.000,00 a R$ 5.000,00.

Motion design

Ainda na área da comunicação, mais uma das aplicações do design é o *motion* design. O marketing digital tornou-se uma necessidade nas empresas, de pequeno ou grande porte, e essa tendência é irreversível aos negócios. Assim, para conquistar e atender clientes exigentes e sempre conectados, o mercado está em busca de profissionais que tenham habilidades e competências para criar estratégias atrativas no mundo virtual. Apresentamos, a seguir, uma explicação sobre a atuação do *motion* designer:

> Para explicar melhor a atuação dessa profissão, trouxemos uma curiosidade interessante: você chegou a assistir a MTV há alguns anos, quando ela era a rainha da televisão em criar vinhetas malucas e cheias de grafismos e arte? Pois é! Isso é o Motion Design [...].
>
> Então, as identidades visuais e os créditos são, digamos, as primeiras referências para a criação. Só que, com o avanço da tecnologia e de vários softwares, o estilo do Motion Design foi mudando e ele se tornou superpopular, entrando com tudo nas produções audiovisuais atuais e modernas. (Quais..., 2021)

Também chamada de *motion graphics* ou videografismo, essa é uma tendência no universo audiovisual. Trata-se de uma técnica que utiliza princípios de animação, cinema e vídeo para dar movimento a textos, ícones e formas geométricas que resultam em efeitos atrativos que encontramos em clipes, vinhetas, propagandas, vídeos, cinema etc. Na produção dos materiais, o *motion* designer trabalha junto ao diretor de arte e participa dos processos de criação, levando em conta que as animações devem funcionar em todos os tipos de dispositivos.

Os salários nessa atividade podem ser bastante atrativos, variando de R$ 3.000,00 a R$ 6.000,00.

Design de animação

Ao lembrarmos de nossa infância, um dos elementos que aparecem com frequência é o desenho animado. O designer de animação, como o próprio nome indica, projeta e planeja animações, desenvolvendo trabalhos desse tipo também para o meio científico, como as animações nas matérias de saúde. Ele elabora roteiros, cenários e personagens, desenvolve e coordena animações para cinema, interfaces digitais e jogos digitais, e pode, ainda, desenvolver trabalhos autorais, como curtas de animação, vídeos *on-line* etc. Sua atuação abrange agências de publicidade, estúdios de cinema, empresas jornalísticas, emissoras de TV e de educação, sobretudo materiais didáticos para Ensino a Distância (EaD).

O designer de animação desenvolve projetos em *stop motion*, animação 2D, animação 3D, utilizando, para tanto, *softwares* de animação e desenho digital. Sobre esse aspecto, os eventos de animação, nos quais designers, produtores e amantes da animação trocam experiências, são uma ótima oportunidade de crescimento e para conhecer novas pessoas atuantes na área. Nesses festivais, comparecem designers de animação renomados, mas também iniciantes. A seguir, listamos alguns desses eventos.

- **Anima Mundi** (International Animation Festival) – Realizado nas Cidades de São Paulo e Rio de Janeiro, esse é um tradicional festival brasileiro de animação, que acontece desde 1993. O Anima Mundi é um evento imperdível para quem gosta da área, pretende atuar nela ou quer concorrer às premiações.

- **Animacine** (Agreste International Animation Festival) – O Festival de Animação do Agreste acontece em Gravatá, Bezerros e Caruaru, é um dos festivais mais recentes e voltado a projetos culturais.

- **Festival Brasil Stop Motion & Festival Internacional de Stop Motion** – Realizado em Recife, Caruaru e Triunfo (Pernambuco), esse é um festival tradicional de animação do tipo *stop motion* e o único evento exclusivo, no Brasil, nessa área.

- **Animage** (International Animation Festival of Pernambuco) – Esse evento propõe um olhar para a animação como uma arte cultural, e não apenas como uma indústria comercial. Nele são apresentados projetos com maiores riscos, ousados e com propostas inovadoras.

- **Lanterna Mágica** (International Animation Festival) – Realizado em Goiás, esse festival recebe apresentações de todas as partes do mundo, e a concorrência pelas premiações é tanto nacional quanto internacional.

Existem, ainda, diversos festivais de animação pela América do Sul. Apresentamos alguns deles no Quadro 3.4, a seguir:

Quadro 3.4 – **Festivais de animação na América Latina**

Festival	Local
Anima – Córdoba International Animation Festival	Córdoba, Argentina
Anima Latina – Latin American Animated Film Festival	Buenos Aires, Argentina
Bit Bang Fest	Argentina
Cartón – Festival Internacional de Cortos de Animación la Tribu	Buenos Aires, Argentina
International Animated Short Film Festival Ajayu	Puno, Peru
International Animation Festival (FIA)	Montevideo, Uruguay
International Animation Festival Chilemonos	Chile
Noche de Monos	Santiago, Chile

Fonte: Elaborado com base em Nunes, 2018.

O Quadro 3.5, a seguir, apresenta a média salarial de um designer de animação.

Quadro 3.5 – **Salários: Designer de animação**

Porte da empresa	Salário médio				
	Trainee	Junior	Pleno	Senior	Master
Grande empresa	R$ 2.165,37	R$ 2.490,17	R$ 2.863,70	R$ 3.293,26	R$ 3.787,25
Média empresa	R$ 1.804,48	R$ 2.075,15	R$ 2.386,42	R$ 2.744,38	R$ 3.156,04
Pequena empresa	R$ 1.503,73	R$ 1.729,29	R$ 1.988,68	R$ 2.286,98	R$ 2.630,03

Fonte: Educa mais Brasil, 2021a.

Game design

Para finalizar, vamos falar sobre game designer, uma das profissões que mais crescem desde os anos de 1980. O Brasil é o quarto país em consumo de jogos digitais, sendo este um dos "porquês" da importância desse ramo do design.

O game designer concebe jogos, podendo também atuar na coordenação de desenvolvimento e testagem de jogos digitais. Um jogo, para ter sucesso e receptividade, precisa ser atrativo, divertido, interessante e manter o público engajado. Por isso, o designer de games precisa ter conhecimentos e habilidades em elaboração de roteiro, ilustração, modelagem e programação. Dessa forma, esse profissional é responsável pelo enredo, pela aparência, pela mecânica e pela jogabilidade.

> Também conhecido como projetista de jogos ou game designer, esse profissional é responsável por desenvolver o conceito, trabalhando na identidade visual para determinar todos os elementos gráficos, como paleta de cores e composições, seguindo um senso estético apurado, sempre atento às tendências do universo dos games. Muitos game designers iniciam a carreira atuando como testadores de jogos, ou seja, detectores de bugs dos primeiros protótipos.
>
> Quando esse profissional inicia um projeto, é natural que o seu trabalho seja o primeiro a ser desenvolvido, já que ele é responsável pela definição da estética do jogo, um fator fundamental para a experiência de quem joga. É ele quem dá forma ao trabalho como um todo, desde os personagens até o cenário. (Descubra..., 2021).

Assim como na animação, os gamers formam tribos que compartilham conhecimento, jogam com pessoas do mundo inteiro, mantendo-se conectados permanentemente. Logo, os eventos de jogos digitais acontecem em vários momentos e em diversas plataformas, as *Game Jams*, por exemplo, são competições de criação de games que duram horas ininterruptas. Nesses eventos, é comum encontrar *cosplayers* (pessoas que, mais do que se vestirem como uma personagem, encarnam essa personagem), sendo o espaço onde a criatividade e a diversidade borbulham, portanto, é imperdível para quem almeja ser um designer de games.

A seguir, apresentamos uma lista elaborada por Fabiano Naspoli de Oliveira (2019), do canal do Youtube Fábrica de Jogos, dos 10 eventos de games que seriam importantes os games designers acompanharem:

1. **Big Festival** (São Paulo) – Voltado ao desenvolvimento independente, é um ótimo evento para se situar sobre o que está acontecendo no mercado e fazer novos contatos.
2. **Brasil Game Show** (BGS, São Paulo) – Esse evento apresenta uma área específica para desenvolvedores independentes, mas também de *players*.
3. **SBGames** (Simpósio Brasileiro de Jogos e Entreterimento Digital) – Evento itinerante e voltado ao âmbito acadêmico da área de jogos.
4. **Global Game Jam** – Evento internacional que ocorre no início do ano e pode ser acessado pelo mundo todo, de acordo com o fuso horário de cada país.
5. **International Game Developers Association** (IGDA) – O grupo IGDA é uma organização com sedes em vários lugares do mundo, inclusive no Brasil, dividindo-se por cidades como São Paulo e Rio de Janeiro. É importante procurar saber sobre a existência do IGDA na região e participar dos encontros, que reúnem profissionais da área para discutir temas, realizar capacitação, *workshop*.
6. **Game Jam +** – Apresenta uma versão regional, que acontece em algumas capitais e até mesmo em cidades do interior, e uma versão nacional, sediada no Rio de Janeiro.
7. **Game Developers Conference** (GDC) – Evento voltado exclusivamente aos desenvolvedores e que apresenta tendências de mercado.

8. **E3** (Eletronic Entertainment Expo) – Evento que ocorre todo ano nos Estados Unidos e é importante aos desenvolvedores, pois apresenta as novidades do mercado.
9. **Gamescom** – Sediado na Alemanha, esse evento apresenta igualmente as tendências de um mercado.
10. **Tokio Game Show** – Ocorrido no Japão, esse evento também traz algumas novidades do mercado japonês.

O game designer pode atuar em diversos setores, como em agências de publicidade, produtoras de vídeo e cinema, no desenvolvimento de *software*, soluções *web* e, claro, nas empresas de desenvolvimento de jogos. A presença cada vez maior dos games, para além do entretenimento, se traduz em novas oportunidades para o game designer no mercado de trabalho. Existe, ainda, a possibilidade de trabalhar com jogos educacionais e de treinamento profissional, como simuladores de voo e direção.

Em virtude dessas múltiplas funções, os salários podem ser bastante atrativos, a depender do tempo de atuação na área e do cargo ocupado, conforme mostra o Quadro 3.6.

Quadro 3.6 – **Salários: Designer de games**

Porte da empresa	Salário médio				
	Trainee	Junior	Pleno	Senior	Master
Grande empresa	R$ 1.661,48	R$ 2.076,85	R$ 2.596,06	R$ 3.245,08	R$ 4.056,35
Média empresa	R$ 1.278,06	R$ 1.597,58	R$ 1996,97	R$ 2.496,21	R$ 3.120,26
Pequena empresa	R$ 983,12	R$ 1.228,90	R$ 1.536,13	R$ 1.920,16	R$ 2.400,20

Fonte: Educa Mais Brasil, 2021b.

3.1.4 Design de serviços

Nesse segmento, o profissional estuda as características de consumo. Ele investiga comportamentos, preferências e reações dos usuários com relação a determinado serviço ou produto. Essa é a atividade que organiza, planeja e analisa a infraestrutura, a comunicação e os materiais de determinados serviços, com vistas a melhorar a qualidade e a interatividade entre empresas e consumidores.

O *service design*, ou, em português, "design de serviços", busca, em sua atividade, responder a algumas perguntas essenciais para o desenvolvimento da prestação de serviço:

- Como deve ser a experiência do consumidor ao usar este serviço?
- Como deve ser a experiência do funcionário ao prestar este serviço?
- Como uma empresa se mantém fiel à sua missão e se mantém relevante para o consumidor, ao mesmo tempo?

Utilizando metodologias do Design, o Service Design trabalha para entender o perfil dos consumidores, seus desejos e suas necessidades a fim de garantir que determinado serviço seja competitivo para o mercado e relevante para quem o usa.

(Teixeira, 2011)

Logo, o designer de serviços utiliza metodologias do design para entender os consumidores e, assim, oferecer serviços e produtos atraentes e competitivos.

O Design de Serviços (Service Design), por definição, estuda as interações entre todas as pessoas envolvidas no serviço, e não apenas o consumidor. Além disso, cuida dos processos, dos espaços, dos dispositivos onde esse serviço acontece e da experiência que a empresa deseja que os usuários tenham. O designer de serviços é o profissional que cuida disso tudo ao mesmo tempo, em tempo real, identificando os pontos falhos e sugerindo melhorias para eles. (Teixeira, 2011)

Pensemos em um exemplo: Duas lojas vendem o mesmo produto com o mesmo preço; o que faz um consumidor escolher uma das lojas em detrimento da outra? O trabalho executado pelo design de serviços, que é considerado um tipo de função essencial para esse ramo.

Design de interface

O profissional desse ramo do design atua adequando dispositivos ao mundo digital, a fim de proporcionar um uso da tecnologia que seja eficiente e simples. Seu principal objetivo é oferecer interações humanas com o aparato digital.

> O Designer de Interfaces une as habilidades do Web Designer com a parceria do Arquiteto da Informação ou até mesmo do Designer de Experiência do Usuário, o chamado UX Designer. O objetivo principal do seu trabalho é garantir que o usuário realmente esteja no controle da interação, para que ele se sinta bem usando a ferramenta e, consequentemente, use mais. (Quais..., 2021)

Esse profissional pode atuar, ainda, no design industrial, pois existem diversas formas de aperfeiçoar produtos, inserindo-os no universo digital. Por exemplo, pensemos as transformações que eletrodomésticos em geral sofreram, desde uma geladeira inteligente até lâmpadas *webcam*. O designer, nesse âmbito, trabalha junto à automação/automatização, preparando essa interação digital entre o homem e a máquina. Essas transformações contemplam muitos itens usados cotidianamente, como telefones e computadores. A evolução desses aparelhos – cada vez mais leves, com telas de *smartphones* maiores e tantas outras inovações – é fruto do trabalho do designer de interface.

Os salários nessa atividade podem ser bastante atrativos, conforme mostra o Quadro 3.7:

Quadro 3.7 – **Salários: Designer de interface**

Porte da empresa	Salário médio				
	Trainee	Junior	Pleno	Senior	Master
Grande empresa	R$ 2.759,14	R$ 3.173,01	R$ 3.648,96	R$ 4.196,30	R$ 4.825,75
Média empresa	R$ 2.299,28	R$ 2.644,17	R$ 3.040,80	R$ 3.496,92	R$ 4.021,46
Pequena empresa	R$ 1.916,07	R$ 2.203,48	R$ 2.534,00	R$ 2.914,10	R$ 3.351,22

Fonte: Educa Mais Brasil, 2021f.

Web design

O *web* design é outra aplicação do design extremamente promissora e concorrida, afinal, o mundo digital é o mais "frequentado" ultimamente, pois praticamente nenhuma empresa sobrevive sem um *website*. Entre as funções dessa profissão, é preciso pesquisar tecnologias e ferramentas adequadas à necessidade e ao desejo dos clientes. Para tanto, faz-se necessário realizar pesquisas de mercado a fim de conhecer a concorrência e, com isso, apresentar novas ideias para os clientes.

O designer *web* é responsável por criar fluxos de navegação e *layouts* funcionais, bem como elaborar orçamentos de projetos. Seu objetivo principal é encontrar alternativas visuais para os *websites*, por meio de ilustrações, infográficos e animações 2D e 3D. Além disso, ele elabora a programação visual de *websites* no que diz respeito a logomarcas, ícones, botões, cores e textos, com o intuito de criar uma identidade originada de um projeto de comunicação visual específico para cada *site*. Ele também desenvolve e adequa as linguagens de programação para *websites*, bem como gerencia o acesso de páginas a bancos de dados.

Quem atua com *web* design está voltado à criação de interfaces e ao desenvolvimento de aplicações *web*, objetivando apresentar um visual mais atrativo, que não seja confuso, passe a mensagem pretendida e, ao mesmo tempo, seja extremamente útil e fácil de usar. O *web* designer, portanto, é quem desenha o *layout* dos *sites*. Um detalhe importante: "muita gente costuma pensar que quem cria os sites é o Web Designer, mas, na realidade, ele é responsável pelo desenvolvimento das peças que são relacionadas à internet. Por exemplo: *e-mail* marketing, banners, *hotsites, newsletters, landing pages*, entre outros" (Quais..., 2021)

Quanto aos salários oferecidos a esse profissional, vejamos a relação do Quadro 3.8, a seguir.

Quadro 3.8 – **Salários:** *Web* **designer**

Porte da empresa	Salário médio				
	Trainee	Junior	Pleno	Senior	Master
Grande empresa	R$ 2.679,37	R$ 3.349,21	R$ 4.186,51	R$ 5.233,14	R$ 6.541,43
Média empresa	R$ 2.061,05	R$ 2.576,31	R$ 3.220,39	R$ 4.025,49	R$ 5.031,86
Pequena empresa	R$ 1.585,42	R$ 1.981,78	R$ 2.477,22	R$ 3.096,53	R$ 3.870,66

Fonte: Educa mais Brasil, 2021g.

Em suma, nesta seção, vimos as áreas do design e seus profissionais, traçamos um rápido panorama com o intuito de revisar e perceber o quanto o design é fundamental em muitos ramos. Percebemos que essa profissão não está dissociada da arte e que a inovação e a criatividade são competências indispensáveis para um bom designer.

Embora tenhamos abordado várias áreas e segmentos, é preciso ressaltar que incontáveis denominações surgem constantemente e são aplicadas para diversas atividades de design e, portanto, podem se apresentar sob outra nomenclatura ou dissociadas de alguma área, por serem atividades mais específicas. Algumas dessas denominações seriam: design digital, design de identidade visual, design visual, design de programação visual, entre outras. Contudo, ainda que não tenhamos dedicado a cada qual uma seção para discussão, todas elas estão inseridas nas áreas ora estudadas.

3.2 *User Experience* (UX) e *User Interface* (UI)

Nesta seção, vamos tratar da diferença de algumas aplicações e atribuições do *User Experience* (UX) design e *User Interface* (UI) design.

UX significa, literalmente, "experiência do usuário" e representa a relação do usuário com um produto ou serviço. O UX preocupa-se com cada etapa da utilização dos produtos/serviços, cuida da experiência vivenciada pelo usuário desde o interesse, a pesquisa, a compra e, por consequência, o uso do produto/serviço. O UX precisa estar atento a todos os passos dessa experiência, sobretudo com a interação entre o consumidor e produto/serviço adquirido. Assim, o UX observa, pesquisa, avalia, projeta, testa, realiza mudanças, avalia novamente, em um ciclo inesgotável, combinando empatia, tecnologia, usabilidade e o toque humano, aspectos que tornam cada experiência única.

O principal objetivo da aplicação do UX é causar um impacto positivo nas pessoas que utilizam um produto/serviço, sempre colocando o cliente em primeiro lugar. Atualmente, não só as grandes empresas têm um profissional ou departamento de UX, mas também os pequenos empresários, microempreendedores, empreendedores individuais. Dessa forma, essa etapa do negócio é fundamental e precisa ser realizada por um profissional capacitado. "Quando não há uma preocupação com o UX de um produto ou serviço é comum [...] [o] usuário achar o aplicativo complicado demais de usar, não conseguir finalizar um pagamento em um e-commerce, [...] [ou] se frustrar ao tentar configurar um produto" (Aela.io, 2019).

Já a sigla **UI** é traduzida para o português como "interface do usuário". Essa atividade congrega tudo o que é concebido para a interação de um produto. O UI prepara a interface, guia o usuário pela navegação, pensando nas formas mais intuitivas de garantir que essa navegação seja tranquila e agradável. Ele é responsável pela criação de interfaces funcionais, que devem intermediar a interação entre o homem e a máquina (celular, computador, TV). O trabalho do UI é criar telas interativas e com usabilidade, mas é claro que a aparência estética também é um aspecto importante. Além disso, o UI desenvolve interfaces de voz, assistentes virtuais, como as da Amazon e da Apple, por exemplo (Aela.io, 2019).

Moraes (2018, grifo do original) define essas duas atividades da seguinte maneira:

UI guia o usuário, já UX faz a navegação valer a pena

[...]

Enquanto o UI guia o que o usuário deve fazer enquanto usa o site/app, **o papel do UX é fazer com que a navegação seja agradável.**

UI deixa a navegação fácil de entender e ações simples de realizar.

Mas nem o site mais agradável do mundo vai deixar os visitantes satisfeitos se não tiver as informações que ele espera, da maneira que deseja consumi-las.

UI é sobre razão, UX é sobre emoção

Qual é a maneira mais fácil de navegar por um site ou app? Existem boas práticas quanto a isso, é um processo bem racional.

No ocidente, as pessoas normalmente leem de cima para baixo, da esquerda para a direita, sem contar os vários **sistemas existentes**.

Já UX é mais complexo que isso, pois **como evocar uma emoção positiva no usuário?** Depende de quem é seu usuário, de qual é a situação em que ele usa sua aplicação e uma série de outros fatores.

Desse modo, é possível perceber a relevância dessas duas atividades, que são distintas entre si, mas convergem em alguns pontos. Para saber diferenciar todas as áreas e atribuições dos designers, conhecê-las é fundamental.

3.3 O negócio de design

Até aqui você já deve ter percebido que a macro área do que se estuda em design está ligada, de algum modo, ao design gráfico. Podemos dizer que, ao desenvolver as competências de um designer gráfico, todas as outras áreas tocam, mesmo que tímida e parcialmente, nessa vertente do design.

Profissionalmente, escolas técnicas, faculdades e universidades têm se preparado para o futuro, investindo em cursos nessa área. Um estudo do Serviço Brasileiro de Apoio às Micro e Pequenas Empresas (Sebrae), intitulado *A importância do design para os negócios*, aponta o design como um importante ramo para o crescimento e o desenvolvimento do Brasil, pois é, hoje, uma ferramenta imprescindível para uma empresa de qualquer porte e segmento (Sebrae, 2021a). Assim, o design deixou de ser visto como um "artigo de luxo" utilizado somente por grandes corporações, visto que passou a ser concebido como um investimento de ótimo custo-benefício, capaz de trazer resultados animadores para as organizações, como: aperfeiçoamento e redução dos custos de produção; ampliação do portfólio da empresa, já que o design cria novos produtos adaptados às necessidades do mercado; aumento da competitividade no mercado; agregação de valor às marcas de produtos e serviços; criação de oportunidades na conquista de novos consumidores; adoção de uma forma de pensar e encarar problemas voltada à empatia, à colaboração e à experimentação; promoção do uso de recicláveis, bem como do respeito ao meio ambiente. Assim, o design é um elemento-chave na atuação das empresas, pois influencia não só a percepção do público sobre a marca, mas também sua proposta como organização.

Todas as áreas do design fazem parte de um segmento econômico chamado ***economia criativa***, que corresponde a um conjunto de negócios que tem como fundamento o capital intelectual e cultural. Esse setor gera empregos e renda, cria elementos de exportação e, ao mesmo tempo, promove a diversidade e o desenvolvimento humano. São produções de bens e serviços que se utilizam da criatividade, da cultura, da pintura, do desenho, da música, ou seja, das artes em geral, sobretudo aquelas atreladas à arte popular. A economia criativa incentiva o artesanato e todas as manifestações artístico-culturais de uma sociedade.

Nesse contexto, insere-se o design. O design de jogos digitais, por exemplo, tem se expandido de forma exponencial, e isso se deve, em grande parte, aos incentivos advindos de projetos da economia criativa (trataremos sobre esse assunto mais adiante, quando abordarmos o empreendedorismo). Assim, é importante que o designer esteja atualizado sobre essas manifestações. Muitos eventos, alguns já vistos neste livro, surgem de projetos elaborados por núcleos que incentivam esse segmento econômico.

A TED, por exemplo, é um setor de design atrelado à economia criativa. TED é o acrônimo para "tecnologia", "entretenimento" e "design", e é organizado por uma empresa estadunidense. As TEDs são conferências que acontecem pelo mundo todo e que tem um objetivo simples: espalhar boas ideias. Disso surgiu o TEDx, programa que auxilia voluntários a organizar eventos locais e independentes com o mesmo objetivo: espalhar boas (e novas) ideias. Vale a pena assistir a alguns desses TEDx para estar "por dentro" da área. O *site* Design Culture (2013) indica cinco TEDs apresentadas por designers importantes, quais sejam:

1. **Tim Brown** – Essa TED vai tratar do design centrado no ser humano e em seu impacto, refletindo a respeito de protótipos, metodologias de design, além disso, fornece exemplos de projetos com novas abordagens.
2. **Paula Scher** – Concentrada no design gráfico, Scher aborda as temáticas de identidade visual, tipografia, sinalização, arquitetura, entre outros temas.

3. **David Kelley** – Kelley suscita uma reflexão sobre a confiança criativa e o perigo da dicotomização entre "pessoas criativas" e "pessoas não criativas".
4. **Yves Behar** – Essa TED concentra-se nas seguintes temáticas: processos de criação, valor agregado e apresentação de *cases*.
5. **Jacek Utko** – Voltado à diagramação, Utko fala a respeito do design de jornais, *redesign*, estratégia e "capas do ano".

Ao final deste capítulo, gostaríamos, ainda, de fazer algumas recomendações: é preciso sempre buscar muito mais informações do que se pressupõe, logo, os temas aqui abordados não podem ser suficientes em sua bagagem como designer. Sugerimos a criação de uma agenda, onde possa escrever pequenas resenhas dos eventos dos quais participou ou assistiu, pode não parecer, mas essa prática auxilia na memorização de elementos importantes aprendidos nesse momento intenso de aprendizagem. Em suma, é sempre indicado observar, anotar, registrar, criticar e, com isso, aprender.

Vanzyst/Shutterstock

CAPÍTULO 4

DESIGN E INOVAÇÃO

Quando se inicia uma discussão sobre design e inovação, na maioria das vezes, parece ser um tema de fácil entendimento, pois, para muitos, *design* é sinônimo de "inovação" e vice-versa. Não se trata de um entendimento errôneo, mas um tanto simplista.

No Capítulo 1, apresentamos o significado de *design*, cabendo, aqui, acrescentar outras visões conceituais. O *Dicionário da Língua Portuguesa*, de Caldas Aulete (2007, p. 335), assim define *design*: "1. Concepção física, formal e funcional de um produto; desenho industrial". Para Mozota (2010, citado por Körting, 2014, p. 11), "O design é uma atividade criativa, com metodologia própria que busca a resolução de problemas".

Com base nessas definições, em nosso objeto de estudo e no contexto em que estamos inseridos, podemos depreender que o design e a inovação conversam entre si, uma vez que apresentam atividades complementares. Um designer, em seu processo criativo, elabora processos, experimenta novas técnicas, adapta modelos, e essas ações integram o campo da inovação. Por outro lado, quando alguém busca novas representações para uma ideia, produto ou processo, pode estar "desenhando" aquilo que idealizou, portanto, o design está funcionando como ferramenta de trabalho.

Podemos relacionar a palavra *inovação* à sua correlata em italiano *innovare*, que significa "buscar melhorias", sendo essa a busca constante do design. Consolo (2018) traz reflexões relevantes sobre o assunto, afirmando que: "Todo projeto de design deveria buscar a ampliação das capacidades humanas, tanto na comunicação e interação com o meio, como no ganho efetivo de nossas capacidades físicas". A autora refere-se ao fato de que a inovação deve estar alinhada a objetivos de melhoria para a humanidade.

As minhas perguntas aos ansiosos por inovação são, primeiramente, sobre qual é a contribuição do empreendimento e qual a melhoria para a vida das pessoas e do planeta. Qual é o sentido da sua entrega? Seu produto/serviço é realmente um benefício? Porque inovação está relacionada com melhoria e, por sua vez, com o processo de design, que propõe e entrega um benefício. (Consolo, 2018)

Realmente, tais questionamentos têm de ser levantados sempre que se inicia um novo projeto. Nesse mesmo artigo, Consolo (2018) pondera sobre a estrutura que o mercado apresenta, diante de um mundo capitalista que busca diminuir custos, agregar valor, entregar soluções rápidas, utilizando, para tanto, novas tecnologias (quase sempre imprescindíveis). Ela compara a busca pela inovação com um conceito que surgiu nos anos 1990 e que revolucionou muitos processos – a reengenharia.

[Reengenharia] Significa abandonar antigos conceitos e analisar em detalhes todo trabalho necessário para produzir os produtos ou serviços, proporcionando maior valor aos clientes. Está relacionada a reestruturação dos processos da empresa para alcançar melhorias em indicadores de desempenho como custos, qualidade, atendimento e velocidade. (Martins, 2012)

Sobre esse "movimento", Consolo (2018) questiona sua real validade, apontando que a reengenharia gerou cortes de capital humano, o que nem sempre representou uma evolução positiva, pois, muitas vezes, resultou em produtos de qualidade inferior, acabamento ruim, que tinham como justificativa um menor preço, dessa forma, interpretava-se "menor preço" como benefício. Porém, esse conceito vem sendo ressignificado, e as empresas têm buscado oferecer produtos com preços acessíveis e com um design preocupado com a sustentabilidade.

Vejamos outro conceito que deve ser incorporado à inovação: sustentabilidade ou desenvolvimento sustentável.

> O **conceito de desenvolvimento sustentável** foi consolidado em 1992, durante a Conferência da ONU sobre Meio Ambiente e **Desenvolvimento** (Eco-92 ou Rio-92), que aconteceu no Rio de Janeiro. O termo, trazido para o discurso público em 1987 pela Comissão Mundial sobre o Meio Ambiente e Desenvolvimento, é usado para designar o **desenvolvimento** a longo prazo, aquele em que o progresso econômico e as necessidades da atual geração não impliquem no esgotamento dos recursos naturais necessários para a sobrevivência das futuras gerações. (Buzzo, 2021, grifo do original)

Cultura, economia, meio ambiente, energia, clima, todos esses fatores determinam um desenvolvimento sustentável. Assim, o ideal é que os profissionais de design estejam conscientes de seu papel social, pensem seus projetos dentro dos princípios da sustentabilidade e criem empreendimentos humanos pautados nos seguintes aspectos:

- diversidade cultural;
- justiça social;
- viabilidade econômica;
- correção ecológica.

A inovação no design exige que seja lançado um olhar disruptivo para o mundo, ou seja, é preciso "sair fora da caixa". Uma atitude sustentável solicita ousadia para romper com os costumes e as práticas empregadas até aqui, diante de um mundo esgotado de recursos. Os avanços tecnológicos trouxeram, sem dúvida, inúmeros benefícios, mas a que preço? Energia elétrica, internet, petróleo, como torná-los sustentáveis e renováveis? Todos são sistemas indispensáveis à vida humana, mas, hoje, seu uso tem de ser revisado e melhorado.

A vida humana interage com o ecossistema de muitas formas, algumas justas e benéficas, outras nem tanto. O desafio está em criar relações consistentes e significativas, processos, projetos e produtos que efetivamente atendam às necessidades de um ecossistema justo e sustentável. A inovação não deve concentrar sua pesquisa em objetos a serem criados, mas na relação que se estabelecerá entre o objeto e quem fará uso dele. A isso chamamos de *significado*. Ao sair "fora da caixa", o designer precisa perseguir esse significado. Consolo (2018) alerta: "Primeiro olhe para os lados e, depois, para o futuro e veja todas as possibilidades para inovação".

Diante dessas considerações e mixando todas essas informações de maneira contextualizada, é possível construir um conceito de **design inovador**: um tipo de design que se manifesta em todas as modalidades do design, renovando ou criando objetos, ambientes, serviços e projetos gráficos (games, *sites*, animações); planejando, prototipando, testando e ajustando; modificando costumes e processos; criando novos caminhos e estratégias para solucionar problemas, tendo como perspectiva propósitos alinhados à melhoria contínua e aos objetivos da sustentabilidade; entregando produtos e serviços que gerem um impacto positivo na sociedade e que sejam, portanto, significativos para o usuário e, mais do que isso, que sejam uma experiência enriquecedora, com um propósito de vida para além de questões econômicas.

A inovação se tornou pauta indispensável em todos os setores (empresarial, social, educacional). Inovar é importante, porém implantar uma cultura criativa é uma tarefa complexa em qualquer segmento. Por que é tão difícil? A princípio, porque os seres humanos foram programados para não correr riscos, vive-se uma busca pela segurança desde os primórdios da sobrevivência na Terra. Acontece que toda a vez em que o ser humano se viu em risco, buscou soluções e, nesse momento, criou alternativas para sua sobrevivência. Sob essa perspectiva, as crises sempre foram potencializadores de ideias inovadoras.

> O novo representa inevitavelmente um mergulho em direção ao desconhecido, e quando não se entende, a imaginação preenche as lacunas que se abrem. Consequentemente esses espaços vazios que nos causam temor são onde existe terreno fértil para a imaginação trabalhar, possibilitando a criação e a inovação. Assim como incertezas, dúvidas e surpresas podem ser o momento ideal para a concepção de soluções inovadoras. (Leite, 2012)

O design carrega em seu DNA a inovação, o novo, o alternativo, a busca por soluções criativas. Por esse motivo, a cada dia participa mais ativamente de processos que exigem inovação.

> Design é um processo criativo estruturado, e a capacidade dos designers de aprender ao longo do desenvolvimento dos projetos é a maior contribuição que trazem para o modelo inovador.
>
> [...]
>
> Ao buscar a melhor solução ao longo do processo, designers deparam-se com novos entendimentos e através do ato de tentar traduzi-los e representá-los, derivam para uma forma articulada e sofisticada de retrocriação e novo entendimento do desafio original, o que pode levar à ressignificação do problema. [...] ao "inventar" o seu próprio entendimento da questão, o designer inova. (Leite, 2012)

A inovação, portanto, não se configura como um privilégio de gênios dotados de ideias brilhantes, ela é fruto de um processo colaborativo que parte de uma necessidade individual ou coletiva.

Para inovar, é preciso observar, criar, testar, experimentar, errar, refazer, retomar.

Mota (2021) defende que inovar é um pensamento complexo que evidencia habilidades, técnicas, estratégias com o objetivo de solucionar problemas. Assim, o design voltado à inovação reúne funcionalidades, atitudes, técnicas, valores, estratégias, processos e planejamento que o tornam um instrumento de melhoria da qualidade de vida das pessoas, bem como cria produtos e serviços que geram valor e competitividade ao mercado.

4.1 Design e cultura

Assim como a inovação e o design se entrecruzam, o mesmo acontece com o design e a cultura, pois as influências culturais são elementos fundamentais para o design. Além disso, o design pode ser um agente de transformação cultural, contribuindo com a inovação.

Grosso modo, cultura é toda a herança que determinado grupo social recebe por meio de diversos mecanismos. Essa herança identifica seus membros e define padrões de comportamento e preferências.

> O homem é o resultado do meio cultural em que foi socializado. Ele é um herdeiro de um longo processo acumulativo, que reflete o conhecimento e a experiência adquiridos pelas numerosas gerações que o antecederam. A manipulação adequada e criativa desse patrimônio cultural permite as inovações e as invenções. Estas não são, pois, o produto da ação isolada de um gênio, mas o resultado do esforço de toda uma comunidade. (Laraia, 2001, p. 45)

Você pode estar se perguntando: De que forma a cultura pode influenciar os projetos de design?

Já constatamos que, ao longo da história, a cultura influenciou os processos artísticos e de manufatura, vimos também que tanto o termo *design* quanto a atividade ligada a essa profissão são recentes no curso da história. Assim, os hábitos, as tradições, as convenções sociais de uma comunidade, suas crenças e seus costumes servem de referências no processo de construção de projetos de design.

Nesse contexto, é possível afirmar que a cultura provém de eventos de grupos sociais e isso lhe confere características transformadoras que podem gerar identidades repletas de diversidade. A identidade é um elemento formado pela "interação entre o 'eu' e a sociedade. O sujeito ainda tem um núcleo ou essência interior que é o 'eu real', mas este é formado e modificado num diálogo contínuo com os mundos culturais 'exteriores' e as identidades que os mundos oferecem" (Hall, 2000, citado por Moura, 2011, p. 18-19). Com base nessa afirmação, inferimos que a identidade representa a interação entre o interior do sujeito e as diversas influências externas. Portanto, o indivíduo é o "produto de várias identidades, que se manifestam à medida que os sistemas formadores de identidades culturais se multiplicam" (Hall, 2000, citado por Moura, 2011, p. 19).

Outro conceito igualmente importante é o de *cultura popular*, expressão que identifica um conjunto de elementos culturais específicos de uma região, etnia, nação, ou seja, que corresponde a cultura de um povo.

Após essa breve análise sobre a cultura e a identidade, vejamos como o design manifesta influências culturais em seus projetos. Existe uma infinidade de exemplos em que a cultura serviu de parâmetro, inspiração e referência para um projeto de design. O design de moda, por exemplo, constantemente apresenta suas influências em forma de tendências. O designer pode valer-se de materiais, cores, estilos e costumes de determinada cultura para elaborar uma coleção de moda. Frequentemente, encontramos projetos de design em diferentes modalidades, expressando manifestações culturais e fazendo leituras e releituras de elementos específicos de certa cultura.

Pensemos, agora, em como o design pode influenciar a cultura, a partir da seguinte pergunta: O design constitui-se em um elemento de transformação cultural? A resposta é bastante óbvia, mas justificá-la prescinde de alguma reflexão. Sim, o design tem o poder de ensejar transformações culturais, visto que, quando asseveramos que a cultura não é estática nem permanente, estamos admitindo que influências de toda e qualquer natureza podem modificá-la.

Monteiro (2010) estabelece o design como um instrumento de transformação cultural, pois, segundo o autor, ao falarmos em cultura, é comum buscarmos conceitos que traduzam permanência, processos de manufaturas, costumes e ideias consolidadas, esquecendo-nos do quanto ela se transforma diante de mudanças implantadas em razão de novas situações. Segundo ele, nem sempre essas situações são necessárias e desejáveis, sendo, muitas vezes, involuntárias e inevitáveis. Assim, é preciso que exista uma oposição à ordem estabelecida para que haja alguma transformação cultural. São os desafios e a quebra de paradigmas que geram mudanças em uma sociedade. A arte e o design funcionam como gatilhos que instituem um "desconforto estimulante", e, embora tenham pontos em comum, diferem-se entre si, pois apresentam objetivos e processos distintos.

A arte e o design podem interferir na cultura, aperfeiçoando padrões ou destruindo-os. Esse comportamento serve como estratégia para recriar e alterar definições. Mas, como bem questiona Monteiro (2010), "O que separa a arte do design?", ou seja: Existem diferenças entre essas manifestações? Qual é o papel desempenhado por eles?

A princípio, sabemos que ambas usam técnicas semelhantes. Contudo, dois pontos fundamentais as diferenciam, conforme defende Monteiro (2010), quais sejam: seus processos e seus objetivos.

Design	Arte
• Utilitário	• É um fim em si mesma
• Cumpre uma função	• Não tem obrigações
• Objetivos claros	• Expressa subjetividade
• Atende às estratégias	• Não tem limites.

A despeito das diferenças, há igualmente pontos semelhantes. Nesse sentido, o design levanta questionamentos (e dúvidas) essenciais à arte: O que vejo? Onde estou? Quem sou? Para o artista, essas perguntas não precisam necessariamente ser respondidas, o designer, por sua vez, busca por essas respostas e, em seu curso, elabora novas perguntas.

O artista inicia um trabalho com o objetivo de atingir certo fim, com liberdade de escolha, definindo suas opções estéticas. O designer começa da mesma forma, no entanto, tem um número delimitado de recursos, e sua criação pode envolver textos, parâmetros definidos, fotografias, fontes etc. Além disso, outros elementos externos podem interferir na criação, como clientes, colaboradores, colegas e até familiares.

A esta altura da discussão, você pode estar se perguntando: Se o design é uma ferramenta de transformação cultural, em que momento ele interfere na cultura?

Já há algum tempo, o *branding* ("gestão da marca") integra o universo do design, e esta é uma das atividades que mais influenciam a cultura. Inegavelmente, as marcas fazem parte do cotidiano, elas estão estampadas em produtos consumidos diariamente e, ainda, dependendo da força que adquirem, são incorporadas ao vocabulário e ao imaginário de uma população. Quem já não usou substantivos como "Cotonetes", "Maizena", "Band-Aid", "Bom Bril", "Chicletes" para se referir não à marca, mas a um tipo de produto? Essa é a força que a marca representa na sociedade contemporânea, com poder de mudar a percepção de mundo do sujeito, bem como das coisas.

Vejamos mais um exemplo em que o design se mostra como uma ferramenta de transformação cultural: o design de games e animações. Um único personagem de um jogo ou filme consegue influenciar uma geração inteira, desde seu modo de vestir, seu corte de cabelo, suas atitudes, suas escolhas até seu modo de sentir o mundo. Lembramos que os figurinos também são obras de designers, largamente empregados, por exemplo, por *cosplayers*. Nessa seara, o *cosplay* é lido como um *hobby* normalmente praticado por jovens. Com base em personagens favoritos do universo do entretenimento, esses jovens fantasiam-se dessas figuras com o intuito de frequentar eventos de cultura pop (alguns lançam premiações de melhor fantasia), ou fazer ensaios fotográficos, por divertimento ou profissionalmente.

Por fim, constatamos que as manifestações culturais são elementos que influenciam as atividades de design, assim como as atividades, os processos e as criações de design influenciam diversos segmentos, propondo uma transformação sociocultural.

4.2 Gestão do design, marketing e serviços

Nas seções a seguir, veremos de que maneira o design está sendo utilizado como uma ferramenta de gestão, tendo se tornado uma tendência inovadora e fundamental para diversas instituições. Ainda, discutiremos sua indispensável atuação no setor de marketing, segmento que, atualmente, é um órgão pulsante nas empresas e que percorre todas as modalidades de negócios, afinal, nunca foi tão verdadeiro o dito popular "a propaganda é a alma do negócio", o que fez com que a adoção dos serviços de designers fosse, hoje, uma realidade.

A máxima de todo e qualquer negócio contemporâneo está em pensar, idealizar e oferecer serviços, afinal, quando se oferece alguma coisa, essa ação está sendo destinada a pessoas. Assim, o fundamental nessa oferta é o benefício, o prazer, a satisfação que um produto pode oferecer, e o serviço é um produto. Entender as necessidades do consumidor, aliá-las a princípios intrínsecos ao bem-estar social, como a importância de se obter experiências positivas, bem como um posicionamento ético e sustentável, são premissas do design de serviços.

Essas modalidades do design evidenciam, portanto, a versatilidade e a flexibilidade da área de design, de modo a ofertar mais do que uma disciplina: uma atitude a ser adotada.

4.2.1 Gestão do design

Neste capítulo, já abordamos alguns preceitos sobre inovação e cultura em diálogo com o design, e todo esse estudo faz parte de uma preparação para que se tenha uma visão de como devem ser as estratégias e os procedimentos empregados pelo designer.

A gestão do design revela uma perspectiva para que gestores de empresas pensem criativamente sobre seu modelo de negócios, auxiliando esses atores na resolução de problemas próprios do design. A abordagem sistemática, por exemplo, permite testar a viabilidade de novas ideias, com o intuito de tornar a empresa mais competitiva e implantar a cultura do design como ferramenta. Trata-se de uma abordagem integrada para as atividades de design e que contribui com a qualidade do produto/serviço oferecido (Fascioni, 2007).

> A Gestão do Design é uma abordagem centrada no ser humano para a inovação. Aplica os princípios e práticas de design para ajudar as organizações a criar novos valores e novas formas de vantagem competitiva. Em sua essência, a gestão do Design é a integração da empatia do cliente, design de experiência e estratégia de negócios. (Frachetta, 2021)

Já vimos que criatividade não se restringe aos campos de conhecimentos ligados à música, à pintura, às artes em geral. Sabemos que se trata de um conjunto de competências que são desenvolvidas e aprendidas, portanto, não é um "dom natural", como popularmente acredita-se.

Essas competências criativas fazem parte de um currículo institucional que integra os programas dos cursos de Design. Diversos estudos já apontaram que a adoção da gestão do design fez com que as empresas aprimorassem sua *performance* financeira e seu relacionamento com o mercado. Nesse sentido, estamos tratando de uma mudança de paradigma, uma vez que asseveramos que as metodologias de design, usadas na elaboração de projetos, podem integrar as metodologias de gestão empresarial, e que adotar a gestão do design como uma cultura pode trazer benefícios diversos para o mercado, o empreendedorismo, as pessoas, bem como para os relacionamentos institucionais. Entretanto, alguns gestores manifestam certa resistência quando se propõe juntar princípios do design ao processo de gestão. Ao analisarmos alguns conceitos das duas áreas, é possível perceber semelhanças entre elas, quais sejam:

Conceitos de gestão	Conceitos de design
• Solução de problemas	• Solução de problemas
• Inovação	• Criatividade
• Sistemas empresariais e informacionais	• Ordenação metodológica
• Estrutura	• Coordenação
• Cultura organizacional	• Cultura artística

Assim, podemos inferir que o design é uma atividade fundamental para o processo de inovação, visto que, por meio da criatividade, surgem *insights* que geram possibilidades técnicas, oportunidades de mercado, produtos e demandas.

Para Padilha et al. (2008, p. 1),

> [o design] é uma atividade articuladora e multidisciplinar que integra planos estratégicos e operacionais de acordo com a visão e missão da empresa, desenvolvendo produtos de acordo com as tendências, prazos e custos.
>
> Muitas empresas, erroneamente, acreditam que o design só pode ser utilizado por grandes empresas, em razão do "glamour" que existe em torno da atividade, ou porque pensam que investir em seu desenvolvimento implica em altos investimentos financeiros. Porém, atualmente, os impactos revolucionários que as organizações vêm enfrentando, conduzem-nas a buscarem melhores resultados nos mercados em que atuam, obrigando-as a pensarem estrategicamente e reavaliarem seu modelo de gestão.

Nesse estudo, Padilha et al. (2008) discorrem sobre a implantação da gestão do design nas empresas em geral, argumentando que o design é uma das áreas mais influentes em todo o ciclo de vida do produto. Essa compreensão impulsionou as empresas a criarem estratégias inovadoras que as tornassem mais competitivas. O design assume, assim, a condição de protagonista em uma modalidade de pensamento e ação, propondo transformações para fatores culturais, sociais e tecnológicos.

Desse modo, é por meio de estratégias de gestão de design que se definem os objetivos e os valores de uma empresa, ou seja, sua missão. A atuação do design estratégico está direcionada para a gestão de design, com o objetivo de integrar produtos e imagens à estratégia organizacional. O design funciona, portanto, como catalisador, sintetizador e materializador de conhecimentos e informações em produtos e serviços (Padilha et al., 2008). O design estratégico é uma das ferramentas adotadas pela gestão do design, colocando em funcionamento os principais pontos que definem e difundem a cultura de uma empresa, isto é, ele congrega a "unidade empresarial", que é projetada por meio da imagem, da marca, de sua missão, bem como de seus produtos e serviços veiculados no mercado.

> Vista como uma ferramenta integradora das funções operacionais, alcance dos objetivos operacionais e imagem positiva, a gestão de design pode ser descrita como a atividade macro das estratégias que, em grupos interdisciplinares, com poder decisório em que o *design* é envolvido, moldam o perfil da empresa com base nos produtos desenvolvidos e/ou identidade visual que a representa. (Padilha et al., 2008, p. 6)

Ao analisar as recomendações para a implantação de modelos de gestão estratégica, Padilha et al. (2008) concluem que a gestão do design aponta para a necessidade de compartilhar conhecimentos e desenvolver projetos coletivos. Dessa forma, o processo surge de "dentro para fora", com um olhar diferenciado, e serve tanto para uma concepção intelectual, funcional e simples de um projeto, quanto para a venda ou a propaganda deste.

Portanto, a gestão do design é uma metodologia que tem como fundamentos a organização e a coordenação de todas as atividades, tendo como base os objetivos da empresa. É dessa forma que a organização pode vir a se tornar competitiva, com produtos diferenciados e eficientes. A empresa que se utiliza do designer para conceber sua gestão está alinhada com essa nova tendência e, com certeza, entregará ao usuário produtos e serviços que expressam sua filosofia e cultura, gerando satisfação e fidelidade.

4.2.2 Design e marketing

O design garante uma identidade visual forte, permanente e inesquecível, delineando uma marca empresarial diferenciada perante a concorrência. É o design que constrói a imagem de uma empresa, que a transforma em algo palpável e, muitas vezes, mais interessante. Além disso, ele é responsável por aproximar a mensagem, comunicada pela empresa, e o mercado consumidor, sem que, para isso, seja preciso dizer uma só palavra.

Sendo a identidade o diferencial de uma empresa ou de um produto, o design criativo pode tanto despertar o desejo do público quanto gerar um desinteresse, caso se elabore um design empobrecido, sobretudo considerando esse vasto mercado consumista, que apresenta diariamente inúmeros produtos semelhantes e com preços distintos (Renan, 2021). Eis aí a importância de um marketing bem planejado, que faça uso do design para definir suas estratégias.

Investir em identidade visual, como design de logotipo, cartão de visitas, material gráfico, design do produto, design de comunicação etc., pode parecer algo oneroso de início, porém, a longo prazo, esse investimento mostra-se bastante lucrativo, visto que, além de gerar valor e aproximar os consumidores, ainda tem potencial de fidelização, garantindo que o cliente prefira certa empresa em detrimento das demais (Renan, 2021).

Essa trajetória de fidelização é minuciosamente pensada, elaborada e testada por um designer. A satisfação, nesse sentido, é ponderada sob todos os níveis, o que gera um grande diferencial para as estratégias de marketing. Assim, as estratégias de marketing utilizando design são a chave para destacar e diferenciar empresas no mercado. Os anúncios publicitários e as logomarcas são apenas alguns dos produtos que um designer entrega a uma empresa, pois ele também produz o design corporativo, que outorga qualidade à identidade visual, expressando com correção o posicionamento e os diferenciais daquela organização, que podem ser posteriormente apresentados em um *brand book*, que, diga-se, é uma ótima estratégia de marketing.

Você já deve ter percebido que o design compreende praticamente todos os setores de uma empresa, desde a concepção do negócio, criação de embalagens com marketing adequado, design de produtos, desenvolvimento de matérias de comunicação, *web* design, fachadas de unidades e lojas e conjunto de cores e estilos até o comportamento expresso pelos colaboradores.

Nesse sentido, o **design *thinking*** (assunto que abordaremos mais adiante) é uma das metodologias para utilizar o design como estratégia de marketing inovadora nas empresas. Outra forma de incrementar o marketing é pelo **design de produto**, na verdade, sem essa estratégia, empresa nenhuma consegue atender seus clientes, pois, na contemporaneidade, conceitos de produtos e serviços estão entrelaçados. Assim, um marketing efetivo precisa considerar os seguintes elementos (4 Estratégias..., 2021):

- necessidades dos usuários;
- tecnologias existentes;
- tecnologias antigas que sirvam de inspiração;
- processos usados nas mais variadas empresas (mesmo de ramos diferentes);
- novos materiais;
- custo-benefício;
- usabilidade;
- praticidade;
- estética;
- sustentabilidade financeira;
- sustentabilidade ambiental; e
- alcance de investimento.

Outra estratégia de marketing importantíssima e bastante empregada é o **design de comunicação**, por meio do qual se divulgam as informações e se emociona o público com uma marca ou um *slogan*. É o designer da comunicação que pensa estratégias para atrair clientes e entender como tornar uma marca valiosa e, por conseguinte, mais lucrativa.

No entanto, a eficácia dessa estratégia está atrelada à definição do público-alvo, a fim de que a empresa seja capaz de, além de mostrar um posicionamento sólido, "falar a língua" desse público, "Só assim os designers e demais profissionais de comunicação conseguirão definir uma identidade visual corporativa que atinja os resultados desejados" (4 Estratégias…, 2021).

Mais uma atuação fundamental do design é no **marketing de conteúdo**, que, aliado a um design simples, objetivo e inovador, cria peças que conseguem prender a atenção do público, gerando uma primeira impressão positiva no cliente, o que faz com que ele explore aquele conteúdo, pois, se o visual é bem elaborado, isso serve como um sinal de que o texto também o será.

Por fim, é importante pontuarmos o papel do design no **marketing digital**. As empresas de marketing digital estão entre as mais procuradas para negócios. Sabemos que, nos últimos anos, seu crescimento foi exponencial e é praticamente impossível fazer marketing sem integrar o elemento digital. Dessa forma, *blogs*, *e-mails* marketing e redes sociais não devem prescindir da atuação de um bom designer, pois ele será responsável por gerir o diálogo com o público e criar uma identificação deste com o produto ou serviço ofertado.

Assim, o marketing digital assumiu um papel importantíssimo no design. Uma das aplicações mais solicitadas aos designers digitais é a concepção de *blogs* e *sites*, função que vai muito além do visual, pois perpassa pela linguagem, pelo estilo e, até mesmo, pelo tipo de texto a ser publicado, o que se denomina *marketing de conteúdo*. Existe uma infinidade de conteúdos a respeito do marketing digital elaborados pelas próprias empresas, a velocidade com que essas publicações acontecem está na mesma proporção em que novas técnicas e metodologias se modificam. Logo, cabe ao profissional filtrar essas correntes e retirar a informação mais relevante, pois, como a atuação do designer visa atender demandas de mercado, é preciso ouvir as empresas e o que elas estão buscando, criando e, claro, publicando em suas mídias.

4.2.3 Design e serviço

Os conhecimentos, as técnicas e as estratégias de design também podem ser aplicados ao segmento de prestação de serviços.

O design de serviços, de maneira geral, utiliza conhecimentos e abordagens do design para criar e gerenciar serviços de qualquer natureza. Dessa forma, o designer analisa e projeta a forma (o quê) da interação com as pessoas e a maneira (como) que o serviço será entregue aos usuários/consumidores.

A necessidade de aplicação do design de serviços se deve ao crescimento da complexidade dos serviços, em virtude dos recursos digitais e da necessidade de execução por demanda (*on demand*), que se consolidou com a popularização da *internet*. Essa complexidade, originada pelos recursos digitais, relaciona-se diretamente ao aumento exponencial dos meios de contatos que o cliente tem com a empresa. Há não muito tempo, os serviços eram oferecidos de forma local, o planejamento era quase individualizado, permitindo ao prestador controlá-lo e planejá-lo à medida que era executado, sendo possível observar a atuação da concorrência e buscar os diferenciais.

A mudança dessa relação ocorre quando, ao acessar ferramentas de busca, como o Google, é possível verificar estilos, materiais e técnicas utilizados, bem como referências e avaliações de determinados serviços oferecidos. Isso vale tanto para os serviços estritamente *on-line*, como os *e-commerces*, quanto para os serviços presenciais, já que a disponibilidade de consulta e avaliação é a mesma, ou seja, ambos precisam planejar e manter uma imagem positiva da empresa ou do empreendedor, buscando alternativas para que ela não seja maculada por comentários negativos em uma rede social, por exemplo.

Os serviços essencialmente *on-line*, aqueles que só se apresentam pela *web*, ou os serviços oferecidos por aplicativos, como os jogos *on-line*, os serviços de *streaming* de vídeo ou de música, como Netflix e Spotify, entre outros, enfrentam os mesmos desafios, com um diferencial que pode ser um complicador: toda a experiência acontece a distância, sem que haja contato físico. Essa nova forma de se relacionar precisa ser estudada profundamente, a fim de garantir humanidade e coesão ao relacionamento.

Embora o design de serviços se ocupe de todas as modalidades, serviços presenciais e virtuais, são os *on-line* que têm sido alvo de mais estudos e inovações para garantir um atendimento plenamente satisfatório, com o objetivo de atender usuários exigentes e experientes, já que é muito mais fácil fechar uma página e buscar outra do que andar pela cidade em busca de um mesmo serviço ou produto.

A possibilidade de conexão permanente com a *internet*, aliada aos serviços digitais, potencializou a concorrência, despertando nos empreendedores a busca por designers de serviços competentes, capazes de criar um produto competitivo e de qualidade. Do mesmo modo, diante da profusão de dispositivos móveis conectados à *internet* com alta velocidade e desempenho, houve a necessidade de aperfeiçoamento do serviço *on demand*, tornando os usuários ainda mais exigentes, visto que eles podem ouvir uma música, assistir a um filme ou jornal, escutar um *podcast* a qualquer momento e em qualquer lugar. O consumidor não quer esperar chegar em casa, por exemplo, para baixar a música, gravá-la em algum dispositivo e, somente depois, conseguir escutar. O avanço da tecnologia permitiu que essas "vontades" fossem atendidas de imediato, causando uma satisfação igualmente instantânea.

Diante desses desafios e da necessidade de adaptação às mudanças impostas, o design de serviços tem sido cada vez mais solicitado. O Serviço Brasileiro de Apoio às Micro e Pequenas Empresas (Sebrae) de Minas Gerais esclarece que o propósito do design de serviços é "construir processos que atendam às necessidades de consumidores e participantes para que o atendimento seja mais amigável, competitivo e relevante para os clientes" (Sebrae, 2021b). Nessa mesma página, encontramos o depoimento de Luis Alt, sócio da Livework no Brasil, para quem o design de serviços "propõe o pensamento estratégico e operacional dos serviços com a visão de quem os utiliza e os provê" (Sebrae, 2021b). Assim, além de atrair, esse tipo de design tem de ser útil e estar de acordo com os objetivos da organização.

Há cinco elementos principais que definem, segundo o Sebrae (2021b), com base na publicação *This is Service Design Thinking*, o design de serviços, quais sejam:

1. Centrado no usuário: as pessoas estão no centro do processo.
2. Cocriação: envolve várias pessoas em seu desenvolvimento.
3. Sequencial: os serviços são visualizados em sequência ou elementos-chave.
4. Transparência: clientes devem conseguir enxergar todo o processo que será criado.
5. Holístico: leva em consideração todas as partes de um negócio, incluindo seu contexto externo.

Portanto, o designer desse ramo deve preocupar-se em criar uma experiência mais agradável ao usuário, de maneira que o serviço supra suas necessidades de forma facilitada, sem criar grandes resistências. O design de serviços difere, sob essa ótica, do design centrado na experiência do usuário. Segundo o Sebrae (2021b), o designer de serviços utiliza a metodologia do design *thinking* para desenvolver projetos. Essa metodologia tem sido amplamente divulgada e empregada em diversos processos, não só nos de design, pois exige uma competência fundamental: um bom relacionamento interpessoal – e essa especificidade também torna o design de serviços tão especial.

Na Figura 4.1, apresentamos alguns conceitos específicos dessa profissão.

Figura 4.1 – **Conceitos específicos: Design de serviços**

Design de serviços
Conceitos específicos

Persona
Uma *persona* é o sumário do tipo de cliente e segmento que se deseja atender. A *persona* assimila as motivações, as preferências e os valores do usuário para o qual está sendo desenvolvido o serviço. Essa é uma abordagem importante, pois gira em torno do usuário e de suas expectativas.

Jornada do consumidor
A jornada do consumidor é um conceito que busca explorar a intersecção com o cliente, no que se tem de melhor e de pior. Essa jornada inicia antes de se conceber o negócio e continua no momento de se desenhar os processos envolvidos no serviço.

Blueprinting
O conceito de *blueprinting* procura entender o cliente de forma holística e, por isso, vai além da concepção de jornada do consumidor, uma vez que inclui processos que ajudam a criar e a entregar experiências positivas.

Fonte: Elaborado com base em Sebrae, 2021b.

Com base nesses princípios, é possível planejar e oferecer um design eficiente para qualquer serviço. No tocante à abordagem holística, percebemos o quanto a experiência deve ser ampla e sem restrições, admitindo um olhar sempre atento e empático.

4.3 Design *thinking*

Esta seção é dedicada a um assunto importante para os designers e todos aqueles que pretendem otimizar seus processos, inovar em suas criações e, principalmente, alcançar um pensamento disruptivo. Abordaremos, brevemente, o design *thinking*, que mereceria, sem dúvida, um capítulo dedicado exclusivamente a ele, mas, tendo em vista nosso escopo de trabalho, reduziremos o tema a breves comentários, apontando, contudo, a importância desse estudo na área de design.

As constantes mudanças no mercado e as incertezas que cercam o ambiente de negócios abrem imensas oportunidades de aplicação do potencial criativo de estudantes, artistas e empreendedores de inovação em produtos e serviços. O design *thinking*, ou "pensamento de design", surge como uma metodologia eficaz na compreensão de problemas existentes, na concepção de novas soluções, bem como em testes e validações sistemáticos.

Assim, conhecer e aplicar o processo criativo de maneira colaborativa, focado na compreensão profunda das necessidades e dos desejos dos consumidores, adotando a experimentação sistemática a fim de reduzir riscos, leva ao surgimento de produtos inovadores e resultados sustentáveis.

Como nasceu o design *thinking*?

Com problemas complexos em mãos, para os quais ainda não se tinham soluções, a estratégia de algumas empresas foi buscar apoio na atividade de design. A necessidade de inovação exigiu que CEOs, gestores, administradores, executivos, gerentes, vendedores e estagiários começassem a pensar como designers, ou seja, buscando soluções criativas para seus problemas.

Dessa junção surgiu o design participativo e, com ele, o fim da crença: "Eu, profissional da área X, sei o que é melhor para o meu ramo; você, profissional da área Y, deve saber o que é melhor para o seu", diante de uma concepção que apenas o profissional de determinada área teria competência para solucionar os problemas daquele ramo. O design, por sua vez, integrou ao universo empresarial, antes dicotomizado, conceitos multidisciplinares e participativos, com base em um pensamento disruptivo. Nasce, assim, o design *thinking*, que utiliza as ferramentas dos designers para gerar inovação a fim de somar, às necessidades das pessoas, os requisitos para negócios de sucesso, considerando, obviamente, as possibilidades tecnológicas.

Essa terminologia foi propagada pela consultoria de design IDEO, de Tim Brown e David Kelley:

> A popularização da ideia do *design thinking* aplicada aos negócios costuma ser creditada a duas personalidades do Vale do Silício: David Kelley, professor da Universidade de Stanford que fundou a consultoria de inovação IDEO, e seu colega Tim Brown, atual CEO desta mesma consultoria e autor de *Change by Design* (em português, **Design Thinking – Uma metodologia poderosa para decretar o fim das velhas ideias**). (Carvalho, 2021, grifo do original)

O design *thinking* é utilizado, sobretudo, na criação de novos produtos e serviços, porém existem inúmeras aplicações ligadas ao desenvolvimento de soluções de problemas para empresas, como criar projetos educacionais, conceber marcas etc.

Trata-se de uma nova forma de encarar o mundo do trabalho, que necessita, fundamentalmente, de empatia, colaboração e experimentação. Corresponde a uma perspectiva de trabalho ideal, pois, ao incorporar essa metodologia à cultura da empresa, ela se torna um meio pelo qual é possível encontrar soluções para qualquer tipo de problema. A maneira como o designer percebe o mundo, buscando novos caminhos para velhos problemas, é que chamou a atenção dos gestores. O principal objetivo do designer é promover o bem-estar para as pessoas, de maneira integral, para além da qualidade ou da aparência estética de produtos. É tarefa do designer detectar todas as arestas de um problema, ou seja, tudo aquilo que tem sido prejudicial ou que impede, ainda que parcialmente, o ganho de uma experiência positiva (emocional, cognitiva e estética), bem como promover o bem-estar (em todos os aspectos). Assim, sua tarefa é, essencialmente, procurar problemas, identificar suas causas e gerar soluções (Vianna et al., 2012).

O design *thinking* se refere ao processo de aplicação do pensamento crítico e criativo, em uma busca incessante pelo conhecimento, o que permite organizar as ideias para estimular tomadas de decisão. Não corresponde a apenas mais um termo específico da área, mas a uma abordagem metodológica que cria condições de maximizar a geração de *insights* e de, posteriormente, aplicá-los no produto/serviço em questão. Uma característica imprescindível do design *thinking* é seu feitio coletivo e colaborativo, e nessa dinâmica é que se reúnem pensamentos e perspectivas distintas.

O processo de design *thinking* pode ser estruturado em três etapas principais: (1) imersão, (2) ideação e (3) prototipação. Existe, porém, outra abordagem, que se distribui em cinco etapas: (1) imersão,

(2) análise, (3) síntese, (4) ideação, (5) prototipação e validação/implementação. Percebemos, assim, que essa segunda abordagem é mais completa e abre um leque maior de possibilidades exploratórias. Em ambas, contudo, é gerado um ciclo contínuo de retroalimentação. Cabe lembrar que o design está calcado na solução de problemas, e o design *thinking* é uma das ferramentas para que isso aconteça.

Figura 4.2 – **Processos de design *thinking***

Conhecer o público-alvo	Definir	O *brainstorm* pode apontar soluções criativas	Prototipação	Testar as ideias
Simpatizar	Construir o ponto de vista com base nas necessidades do usuário	Idealizar	Construir a representação das ideias	Testar/validar

arka38/Shutterstock

Ao fim, deixamos uma provocação: procure saber mais sobre o design *thinking*, busque alternativas nessa metodologia, mescle com outros métodos já conhecidos, aplique ativamente esses conhecimentos e observe se eles podem ser úteis a empresas de variados ramos. Com isso, esperamos que você possa pensar "fora da caixa", buscando o sucesso de suas criações.

Nikita Kacanovskis/Shutterstock

CAPÍTULO 5

DESIGN, ARTE, ARTESANATO: DIFERENÇAS E SEMELHANÇAS

No universo do design, há uma infinidade de conceitos. Quanto ao conceito artístico, os designers se valem das experiências da arte e do artesanato para elaborar e executar seus projetos. Todavia, a arte não apresenta uma finalidade para fora de si mesma, isto é, não busca refletir nada além da própria expressão artística. Nesse sentido, o artesanato também é considerado uma expressão cultural. O design, por sua vez, é uma atividade comercial que cria produtos com valor mercadológico.

Todas essas definições ainda são bastante rasas, pois cada um desses conceitos é dotado de um prisma muito mais complexo do que essas reduções fazem crer. Logo, nosso objetivo, neste capítulo, é explorar as nuances desses conceitos, a fim de entendê-los e aplicá-los mais conscientemente à prática profissional. Logo, vamos esclarecer as diferentes denominações e concepções por detrás dos termos *design*, *arte* e *artesanato*, bem como suas formas de aplicações, debatendo, inclusive, aspectos legais.

Iniciemos nossa discussão com alguns questionamentos polêmicos: Arte, artesanato e design são manifestações distintas? Totalmente independentes entre si ou há pontos de intersecção? O designer pode ser considerado um artista? Um artesão?

Para responder a essas questões ou, ao menos, encontrar uma direção que nos leve a possíveis caminhos, precisamos analisar os significados de cada termo em separado.

5.1 Arte

Grosso modo, a arte está atrelada à aptidão de aplicar conhecimentos por meio de talento ou habilidade inatos, na demonstração de uma ideia ou pensamento. Existem, porém, muitas variações sobre a definição de arte, e o debate é extenso e cheio de arestas. Uma delas se utiliza da etimologia da palavra:

> A palavra deriva do latim *ars*, artis, que significa maneira de ser ou agir, profissão, habilidade natural ou adquirida, e, na cultura greco-romana, possuía o sentido de ofício, habilidade. Nessa concepção, a arte estava ligada ao propósito de fazer, ou seja, era concebida com base em um aspecto executivo e manual. (Imbroisi; Martins, 2021)

Outra variação é a de que *arte* é sinônimo de **conhecimento**, contemplação, visão, abrangendo, portanto, o aspecto exterior da arte, que assume o sentido de visão de realidade. Há, ainda, uma terceira definição que toma a *arte* como **expressão**. Essa é uma concepção que surgiu no Romantismo, movimento no qual a obra de arte é criada com base nos sentimentos originais de cada sujeito, a feição verdadeira desses afetos inspira e anima a arte (Imbroisi; Martins, 2021). No mundo contemporâneo, "tudo pode ser arte", e a técnica utilizada é apenas um veículo, o importante é o produto criado.

Sejam quais forem as definições de arte, todas têm sentido e valor, pois em algum momento estiveram de acordo com as concepções da época.

> A definição de arte pode variar de acordo com determinado contexto cultural, isto é a existência, ou não, de um processo que conduz à criação de um objeto belo, com todas as suas implicações teóricas, técnicas pessoais e sociais, consequências

da apreciação da beleza como parte essencial do resultado. Mas também é possível qualificar como arte objetos ou processos criativos de outras épocas ou civilizações, julgamento esse realizado à margem da avaliação concreta que teve para seu autor ou para a sociedade à qual pertencia. A mera apreciação estética posterior desse objeto ou processo já era suficiente para que seja intitulado como arte. Tal qualificação é que possibilita hoje chamar de arte obras pré-históricas, em outras épocas consideradas primitivas. (Imbroisi; Martins, 2021)

A seguir, listamos algumas definições de arte acompanhadas de imagens que exemplificam o conteúdo.

1. Criação humana de valores estéticos (beleza, equilíbrio, harmonia, revolta etc.) que sintetizam emoções, sentimentos, parte da cultura e da história.

Figura 5.1 – **Esculturas egípcias**

2. Atividade humana ligada a manifestações de ordem estética, feita por artistas a partir de percepções, emoções e ideias, com o objetivo de estimular esse interesse de consciência em um ou mais espectadores. Cada obra de arte apresenta um significado único.

Figura 5.2 – **Campo de trigo com ciprestes**, Van Gogh

VAN GOGH, V. **Campo de trigo com ciprestes**. 1889. Óleo sobre tela: color, 73 x 93,4 cm. The Metropolitan Museum of Art, Nova Iorque, EUA.

3. Capacidade criativa e expressiva do homem, transmitindo ideias, sensações e sentimentos através da manipulação de materiais e meios diversos.

Figura 5.3 – **Land Art**

4. Reflexo do ser humano em sua condição sócio-histórica e em sua essência de ser pensante.

Figura 5.4 – *Two Women on the Shore*, Edvard Munch

MUNCH, E. **Two Women on the Shore**. 1898. Xilogravura, 45.5 × 51.5 cm. Museu de Arte Moderna, Nova Iorque.

5. Habilidade ou disposição dirigida para a execução de uma finalidade prática ou teórica, realizada de forma consciente, controlada e racional.

Figura 5.5 – **Bauhaus, escola responsável por mudar os parâmetros da arte**

6. Meios e procedimentos realizados pelo homem por intermédio dos quais é possível obter finalidades práticas ou produzir objetos, ou seja, refere-se à técnica para criar algo.

Figura 5.6 – **Viagem à Lua, de Georges Méliès**

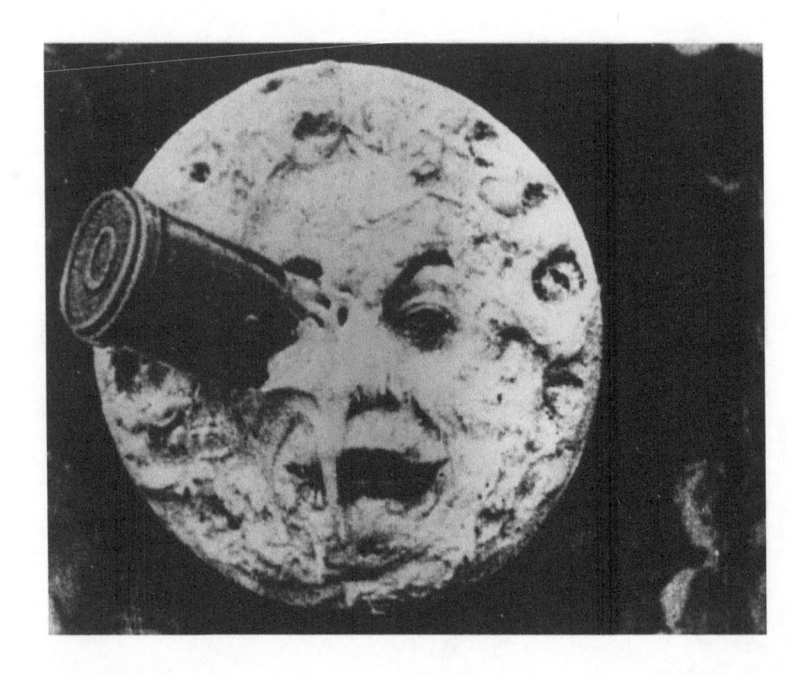

VIAGEM À LUA. Direção: Georges Méliès. França: Star Film, 1902. 13 min 38 s.

7. Conjunto de obras de determinado período histórico, nação, povo, movimento artístico, como as artes medievais, africanas, realistas etc.

Figura 5.7 – **Arte aborígene**

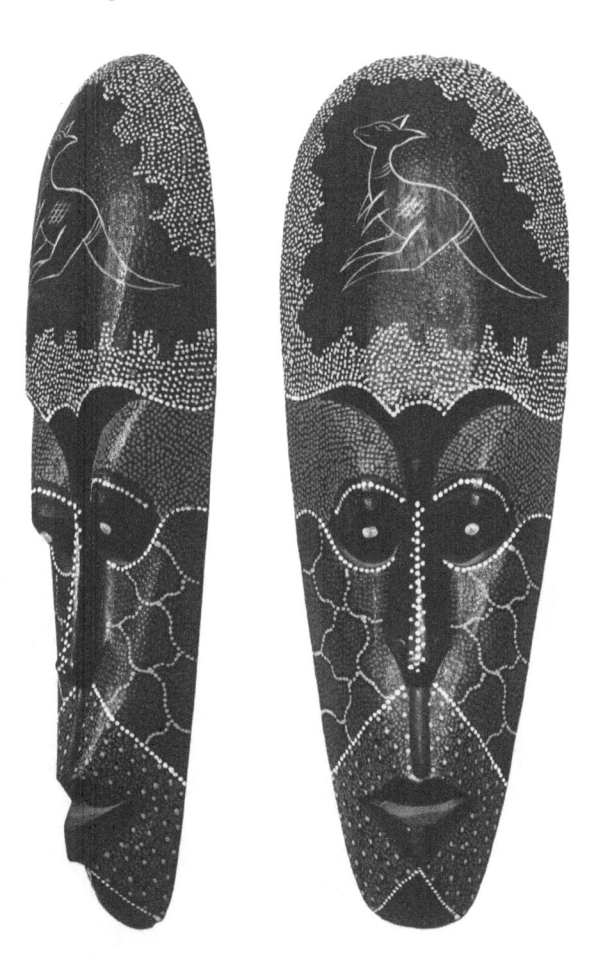

5.2 Artesanato

Grosso modo, o artesanato nasce da criação do artesão e pressupõe trabalho manual. O artesão é aquele que manufatura objetos com características da cultura popular. Esses objetos podem ser utilitários ou decorativos e expressam formas e estilos da cultura da comunidade ou da região.

Tradicionalmente, o artesanato é feito no âmbito familiar, em que o artesão é o proprietário dos meios de produção. Seu trabalho é em conjunto com sua família, muitas vezes dentro de sua casa. Assim, não é difícil pressupor que os primeiros "artistas" da história eram artesãos e que os primeiros objetivos que surgiram foram artesanatos.

Há anos, portanto, o artesão é responsável pela seleção da matéria-prima que utiliza em suas criações, bem como por determinar o processo de execução do produto e, por fim, transformar a matéria-prima em produto ofertado no mercado (Dantas, 2021).

Figura 5.8 – **Artesanato indígena feito com técnica mokawa**

Sergio Onzari/Shutterstock

5.3 Design

Desde o início de nossos estudos, estamos tratando do design. Logo, a fim de diferenciar, conforme dissemos que faríamos, o design das demais expressões artísticas, vamos tomar de empréstimo a noção de design concebida World Design Organization (2021), segundo a qual o design industrial é responsável por estabelecer uma ponte entre o universo do possível e do impossível. Portanto, trata-se de um trabalho criativo que visa solucionar problemas pelo estabelecimento de uma transdisciplinaridade, convergindo as áreas de inovação, tecnologia, design, empreendedorismo e pesquisa a fim de que um produto ou serviço seja transformado em uma experiência positiva ao cliente. Dessa forma, com otimismo, o design aponta para o futuro, visto que reorganiza os problemas transformando-os em oportunidades, isto é, em experiência vivenciada nos âmbitos social, econômico e ambiental.

Diante do que vimos até aqui, podemos destacar alguns pontos como principais em um conceito de design, quais sejam:

- solucionar os problemas com inovação e criatividade;
- conceber e elaborar objetos inovadores;
- estar preocupado com a utilidade e a funcionalidade;
- criar produtos significativos e objetivos.

Portanto, a atividade de design abrange características físicas e funcionais, necessárias para conceber e criar um produto com a máxima eficácia e qualidade, com vistas a melhorar a qualidade de vida e o bem-estar das pessoas, impactando diretamente o meio social.

5.4 Design e sua interface com a arte e o artesanato

Depois de identificarmos os conceitos de cada área separadamente, vamos analisar e reconhecer suas diferenças. Confundir estas três linhas de trabalho – design, arte e artesanato – é muito comum, visto que a fronteira entre elas é quase imperceptível, contudo, essas fronteiras existem, e a distinção pode ser percebida ao se analisar os processos de construção dos objetos de cada área, que podem ser industriais, manuais, conceituais etc. A diferença também está relacionada ao preço do produto, que é determinado pela sua forma de construção. É mais fácil assimilar os valores dos objetos de arte, artesanato ou design quando se entende suas diferenças fundamentais. Araújo (2016) esclarece que o **design** está atrelado à serventia, ou seja, os produtos de design são usáveis e produzidos, muitas vezes, em grandes quantidades, a fim de atender ao mercado. A **arte**, por outro lado, está preocupada com o estado de "contemplação" de seu interlocutor, que pode ser impelido tanto pelo belo quanto pelo horrível do fazer artístico. Tampouco a arte serve ao mercado como um objeto comercial, produzido em grandes quantidades a fim de satisfazer um público-alvo; ao contrário, é o artista e sua expressão de mundo que estão sendo projetados nas linhas, cores e formas por ele desenhadas. O **artesanato**, por sua vez, diferentemente do design, além de ser um trabalho manual que utiliza distintas matérias-primas, normalmente, é feito por somente uma pessoa, ou seja, é ela quem executa toda a produção do objeto, por vezes se responsabilizando, até mesmo, pela etapa de venda.

Desse modo, os designers podem utilizar desse leque de princípios a fim de que alguma concepção (ou mais de uma) oriente seu trabalho criativo. Não há, portanto, delimitações teóricas que encerrem seu potencial criador, uma vez que os conceitos funcionam como suporte e apoio ao projeto. Na verdade, um bom designer se vale de todos os recursos possíveis para executar um trabalho, sabendo que o importante é o resultado de sua criação. Ainda assim, é importante ter em mente as semelhanças e as diferenças conceituais por detrás de certas denominações, para que, caso seja necessário, o profissional possa definir suas escolhas, apresentando-as de maneira mais ou menos evidente no objeto de sua criação.

Por exemplo, o designer pode buscar inspiração na arte e utilizar materiais de artesanato para elaborar determinado trabalho. Ao apresentá-lo, precisará descrever esse processo de criação, demonstrando que tem conhecimento suficiente para manipular essas áreas.

Nas próximas seções, vamos explorar as diferenças entre alguns tipos de design.

5.4.1 Diferenças entre design e artesanato

Já vimos que a principal função do designer é solucionar problemas específicos de um cliente, trata-se, portanto, de problemas e clientes concretos. "O que se espera de um designer não é que ele esteja somente inspirado, mas que seja extremamente competente para entender um problema e resolvê-lo" (Midori; Bizarro, 2021). Assim, a motivação desse profissional está no pedido, no seu modo de encontrar a melhor maneira de sanar as necessidades do cliente. Com base nas exigências do cliente, o designer desenha um projeto com o intuito de atender aos desejos e às aspirações expressas no *briefing*, já realizado em uma etapa anterior. Midori e Bizarro (2021), citando a obra de Munari, *El art como ofício*, lembram que "os designers são os artistas de nossa época". Não porque sejam gênios, mas porque, com seu método de trabalho, estabelecem o contato entre a arte e o público, porque enfrentam, com sua competência, qualquer demanda que a sociedade em que vivem lhes dirige porque conhecem seu Métier, as técnicas e os meios mais adequados para resolver qualquer problema de design.

Vejamos duas imagens que exemplificam criações de designers. A Figura 5.9 mostra objetos de decoração – luminárias, que, provavelmente, atenderam a uma demanda industrial. A Figura 5.10 apresenta imagens de páginas da *web*, que são utilizadas na confecção de *sites* e *blogs*.

Figura 5.9 – **Luminárias desenvolvidas por designers**

diplomedia/Shutterstock

Figura 5.10 – **Webpages**

É notável que ambas as criações atenderam a um pedido, a uma necessidade. Veja que não se trata de peças únicas, pois podem ser reproduzidas industrialmente e em grandes quantidades.

O artesanato, por sua vez, centraliza suas técnicas nos processos de manufatura (feitos com as mãos). O artesão produz, na maioria das vezes, objetos utilitários. Sua atividade requer treino, habilidade, talento e dedicação para produzir e reproduzir um material de qualidade que tenha valor de mercado. Marinho (2021) lembra:

> para ser artesanato, a peça deve obrigatoriamente ter um caráter cultural. Um pano de prato ou crochê, por exemplo, é um trabalho manual, e não artesanato. Porém, se trocarmos a linha por capim dourado e criar toalhas artesanais de crochê, este se tornaria uma peça de artesanato devido ao caráter cultural da matéria-prima. Sendo assim, peças indígenas também são artesanatos.

Como sabemos, a linha que separa o artesanato do design é muito tênue, a ponto de muitas considerações tornarem-se confusas a depender do ponto de vista de quem se manifesta. Nessa discussão, porém, é ponto pacífico asseverar que o artesanato está ligado à produção manual, e o design, à solução de problemas e à produção industrial.

> Desta maneira, ainda por uma ótica de internacionalização, a tradição do artesanato surge como uma forte referência [...] que através de suas formas reproduz a história de vida do povo, construindo uma memória forte e material. O artesão é então tido como capaz de interpretar os desejos e necessidades do momento cultural da sua comunidade e o artesanato como algo dinâmico, sujeito às mudanças de acordo com as novas necessidades de uso. (Mazza; Ipiranga; Freitas, 2007, p. 4)

Mazza, Ipiranga e Freitas (2007, p. 5) referem-se ao processo artesanal como:

> ligado à produção manual de peças únicas ou, pelo menos, de peças que fazem parte de uma pequena série, que fogem da padronização pela interferência de fatores imprevisíveis, como o estilo individual de cada artesão ou mesmo pelo uso dos materiais, que podem apresentar variações. O artesanato apresenta uma característica de produto utilitário, relacionada com a sua própria origem e que determina o sentido de sua existência.

Figura 5.11 – **Luminária artesanal feita com bambu**

Figura 5.12 – **Vasos de cerâmica marajoara (Pará)**

5.4.2 Diferenças entre design e arte

Continuemos nossa busca em identificar as divergências entre distintos objetos que tocam o tema de estudo deste livro: o design. Mazza, Ipiranga e Freitas (2007, p. 2) esclarecem a **arte** nos seguintes termos:

> A obra de arte deita raízes profundas na realidade – natural, psíquica e histórica. Sabe-se que na gênese de uma obra de arte se dá um ato de percepção ou de memória de um momento vital para a consciência de um artista. Para a formalização verbal ou gráfica desse ato concorrem sensações e imagens, afetos e ideias, movimentos internos que se formam em correlação estreita com o mundo sentido, figurado e pensado. A arte está para o real assim como o real está para a ideia.

Portanto, depreendemos que a arte é conceito, sentimento, percepção, tendo a si mesma como fim. Ela pode ser instigante, perturbadora, reflexiva ou simplesmente contemplativa. Segundo Araújo (2016), "O artista, ao trabalhar as formas, linhas e cores, expressa sentimentos e metáforas, criando uma linguagem feita de códigos que rejeita os padrões do racionalismo e do funcionalismo, muitas vezes criando algo totalmente conceitual". Assim, o artista se utiliza de técnicas diversas para representar o mundo e a forma como ele o vê e o sente. Sua busca está em transmitir ao outro sua percepção das coisas da vida ou, ainda, por meio de sua obra, dar liberdade para que esse outro elabore suas próprias reinterpretações, com base nas sensações e nos sentimentos despertados no contato com a obra. A arte de rua (Figura 5.13), nesse sentido, está contemplada por essa perspectiva.

Figura 5.13 – **Arte de rua**

O design, por sua vez, é comumente definido como um projeto ou planejamento de algo. Sua aplicação está, muitas vezes, evidente no cotidiano, em objetos, móveis, embalagens, produtos, bem como, por óbvio, na comunicação visual, como em cartazes, logos, *sites* etc.

Figura 5.14 – **Projeto de design de animação**

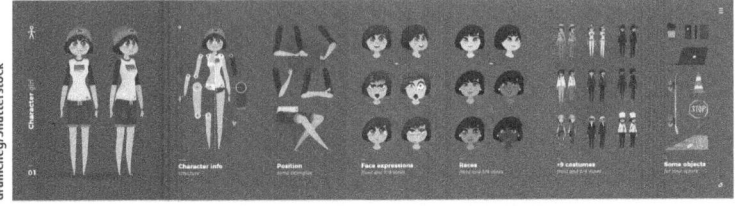

Figura 5.15 – **Projeto de design de embalagens**

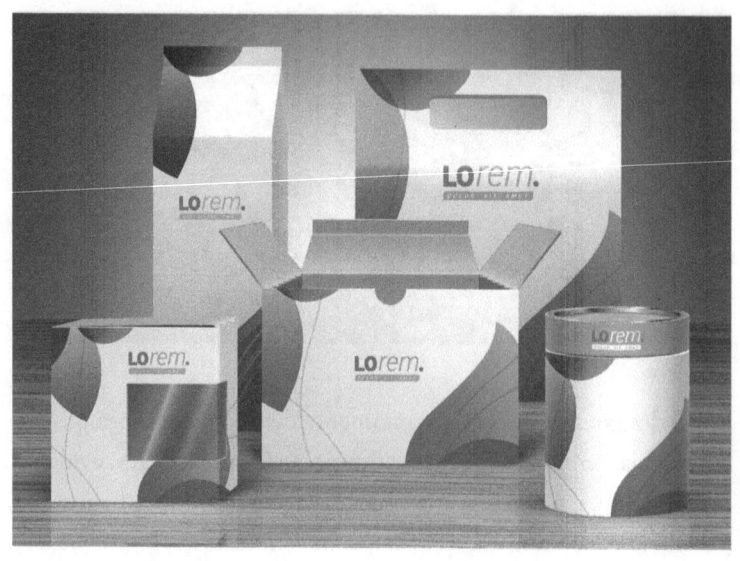

AD Hunter/Shutterstock

5.5 Design autoral de produtos

Quando buscamos na literatura referências sobre design autoral, constatamos que existem poucas considerações acadêmicas a respeito desse assunto, não porque não seja alvo de estudo, mas porque o termo *autoral* está implícito em muitas outras modalidades do design, como no design autoral de produtos.

O design autoral está estritamente ligado ao fazer artesanal. Sua identidade está atrelada à cultura, ou seja, às características de determinada região ou espaço. Ao denominar um objeto como produto de um design autoral, o que está sendo dito é que ele é proveniente de manufatura refinada, realizado com cuidado e muita pesquisa. Esse tipo de design busca as referências para seu trabalho mediante um estudo aprofundado do que se deseja representar. Em certos momentos, parece confundir-se com a arte, porém, vale salientar que, embora esse designer possa ser considerado um artista, seus objetos de criação seguem princípios fundamentais do design, sendo esquematicamente:

Problema > Projeto > Solução

Assim, ainda que a concepção do produto aponte para caminhos mais artísticos, ele sempre apresentará características úteis e funcionais. Portanto, o design autoral imprime um estilo personalizado às suas criações, nele existe uma busca conceitual, ensejada por pesquisas profundas de materiais, de novas referências e usabilidades. São elaborados protótipos, que devem ser avaliados e testados. O designer/criador ressignifica, desse modo, o objeto, imprimindo-lhe, muitas vezes, outra função.

Na *web*, é possível encontrarmos uma infinidade de *sites* e *blogs* de designers autorais. Neles, os profissionais, além de exporem seus produtos, falam do processo de criação, da comercialização, dos métodos e dos materiais utilizados.

Vejamos o que dizem os irmãos Dennys e Patrick Tormen (citados por Souza, 2016), designers proprietários do T44 Studio, a respeito de seu "fazer autoral":

Nossos produtos combinam processos industriais e artesanais, e nascem com o propósito de melhorar a vida das pessoas, seja solucionando problemas, despertando emoções ou indicando novas formas de consumo e interação com os produtos.

O processo de criação dos irmãos Tormen é compartilhado, sendo realizado dentro de uma dinâmica colaborativa. Os projetos surgem de necessidades identificadas no cotidiano, logo, eles buscam desenvolver produtos que atendam a essas demandas, configurando-se como um processo orgânico. Segundo os irmãos, o surgimento de um produto ocorre diante de inúmeras conexões com outras pessoas, e esse movimento suscita "reflexões sobre comportamento, testes práticos com materiais e todo tipo de conhecimentos [...] Buscamos escolher os produtos que se sobressaiam dentro da nossa visão de funcionalidade, estética e bom aproveitamento dos recursos" (Souza, 2016).

Assim como eles, existem outros designers autorais, que manifestam suas inspirações por meio de processos criativos semelhantes, na busca por materiais e conexões com referências distintas, como memória, identidade cultural, história etc.

A definição de design autoral exige que se conheçam os processos de concepção e criação dos produtos, por meio de seus protagonistas. Gustavo Bittencourt explica que seu trabalho denota um cuidado com a matéria-prima, uma vez que utiliza diversos tipos de madeiras, encaixes, texturas e formas, priorizando o artesanato. Ele relata:

> Busco muitas referências na arquitetura, artes plásticas, na natureza e nos processos industriais, no artesanato e também, em histórias e em culturas [..] Acredito que todos nós temos um olhar, um ponto de vista sobre o que olhamos, embora sejamos todos diferentes. E meus móveis são exatamente a minha interpretação sobre as

formas, as misturas, como consigo me expressar, como transformo minhas referências, meus pontos de vista e no que acredito. (Bittencourt, citado por Souza, 2016)

Bittencourt (citado por Souza, 2016) fala, ainda, sobre como surgem as inspirações e qual é seu método criativo:

> Da criação ao produto final, por vezes, as etapas se invertem. Em certos momentos eu crio uma forma, emprego um material, desenvolvo a ergonomia, adequando ao conceito e ao móvel. Mas, pode ser ao contrário também. Pode ser a forma ou as possibilidades do material, ou de um processo de produção, que vão dizer e guiar o que aquele produto vai se tornar.

A Figura 5.16 apresenta um produto fruto de design autoral que se tornou um ícone do design.

Figura 5.16 – **Cadeira Thonet**

Também conhecida como *cadeira de bistrô*, a Thonet n. 14, criada em 1859 pelo alemão Michael Thonet, é considerada o primeiro exemplo de design industrial produzido em massa (Durante, 2017). A concretização do projeto durou 20 anos, desde sua concepção, prototipação, testagem e produção. É, com certeza, um exemplo de design autoral, visto que o móvel, além de carregar o nome do criador, tem todos os elementos de um produto de design.

5.6 Design gráfico autoral

O design gráfico autoral é debatido em Assis (2011) de forma muito consistente. A seguir, destacamos os pontos que consideramos relevantes para o nosso estudo e que são abordados pela autora:

- os designers gráficos, atualmente, têm mais autonomia em projetos autorais;
- a criatividade está associada ao processo autoral;
- a criatividade não faz mais parte de um campo abstrato, como a inspiração, integrando um campo mais palpável;
- o fenômeno autoral não é um coadjuvante da criatividade, mas parte dela;
- experimentação e fenômeno autoral são intrínsecos à criatividade.

Embora Assis (2011) deixe clara a necessidade de realização de mais estudos na área, é possível delinear com efetividade um perfil de designer autoral no design gráfico.

As teorias que buscam desenvolver o processo criativo acabam por conduzir e incentivar a ocorrência do design autoral. Constatamos que o desenvolvimento de trabalhos autorais e experimentais estabelece oportunidade de diálogo do designer consigo mesmo, bem como com seu processo de trabalho. (Assis, 2011, p. 97)

Assis (2011) pondera que os designers, ao desenvolverem produtos, utilizam métodos reflexivos, com questionamentos internos e até pessoais e que, da mesma forma, o design autoral também se utiliza desse recurso, com meios e técnicas que trazem o cotidiano para o processo de investigação e criação.

Outra reflexão muito pertinente sobre a importância do design autoral para a inovação destaca o valor das atitudes transformadoras, fundamentais para a ampliação dos processos de design.

> As discussões levantadas quanto à autoria no design são benéficas para uma reflexão do designer sobre suas práticas. A autoria e a experimentação apresentaram-se como catalisadores para a inovação no design.
>
> A inovação e a criatividade são recorrentes na prática do design, exigindo para seu desenvolvimento exercícios de imaginação, método e criação como um todo. Os processos autorais e experimentais são uma via para ampliar as possibilidades de resultado no design. (Assis, 2011, p. 98)

A Figura 5.17, a seguir, apresenta um exemplo de design gráfico autoral.

Figura 5.17 – **Animais com roupas: conceito gráfico em estilo vintage**

Cranach/Shutterstock

O design autoral se manifesta em todas as modalidades do design. Os designers que atuam de forma autoral, conhecidos também como *autônomos*, *freelancers*, tem como principal objetivo criar produtos e serviços que não sejam semelhantes aos disponibilizados no mercado e produzidos em massa. Esse designer é responsável por conceber ideias originais, que podem ser totalmente inovadoras e criativas, desde que o comprador não estabeleça critérios. Ele resgata aspectos locais, valoriza a produção artesanal ou adota um design contemporâneo, pensando nos diversos públicos e mercados, buscando, dessa forma, promover a originalidade em vez da comodidade.

5.7 Design autônomo

Analisemos, agora, o design autônomo. Mas, antes disso, vejamos qual é a definição de *trabalhador autônomo*:

> **Conceito**: Trabalhador Autônomo é todo aquele que exerce sua atividade profissional sem vínculo empregatício, por conta própria e com assunção de seus próprios riscos. A prestação de serviços é de forma eventual e não habitual.

> [...] autônomo é o trabalhador que desenvolve sua atividade com organização própria, iniciativa e discricionariedade, além da escolha do lugar, do modo, do tempo e da forma de execução. (Ost, 2008)

Com base no conceito de trabalhador autônomo, como poderíamos definir designer autônomo, uma vez que difere de designer autoral? Para Kristhina (2020, grifo nosso),

> Um **designer autônomo** é aquele que faz seu trabalho sem estar vinculado com uma empresa específica, ele pode trabalhar com várias instituições e clientes da forma que achar melhor e recebe de acordo com cada projeto que faz. Já o **designer autoral** faz trabalhos por conta própria, sem que um cliente ou empresa tenha pedido e assim não se preocupa com os resultados exigidos.

Assim como o designer autoral, o designer autônomo cultiva a criatividade e busca conceber peças únicas, que sejam diferentes das produzidas em massa sem uma assinatura de originalidade.

Cabe abrir um parêntese para ressaltar que, em 2017, o cenário da produção gráfica começou a mudar no Brasil. Os designers, a partir desse momento, encontraram uma nova forma de alavancar seus negócios, trabalhando de maneira independente, como *freelancers* ou autônomos. Em virtude da crise econômica, tal atividade se tornou mais lucrativa, tanto para empresas quanto para esses profissionais que não tinham contrato empregatício, o que facultava maior flexibilidade e, também, outros modos atingir suas metas financeiras.

Essa tendência só aumentou e, em 2020, quando o trabalho *home office* se consolidou em razão da inesperada pandemia de covid-19, a atividade do designer autônomo também alçou mais um degrau. Em um cenário de demissões, redução de custos e de pessoal, o contexto contribuiu para o aumento da atividade autônoma no país e no mundo. Hoje, um designer autônomo pode prestar serviços na sua cidade ou outro país sem sair de casa.

Como certamente você notou, a palavra *autônomo* pode ser lida como sinônimo de *freelancer*, sendo este o termo mais adotado pela categoria, que utiliza, entre os seus, a gíria *"freela"*. Destacamos esses termos por serem frequentemente usados pela comunidade de designers. O vocábulo *autônomo* remete à autonomia, e essa, vale dizer, é a busca de quem trabalha nesse ramo. Liberdade para gerir seu próprio negócio, ter poder decisão sobre suas escolhas em todas as etapas do processo de design, sendo possível, assim, montar seu horário de trabalho de acordo com sua produtividade e no conforto de sua casa ou, ainda, em viagem, estabelecendo um projeto financeiro que atenda às suas necessidades. Como *freelancer*, o designer autônomo se isenta de uma série de encargos oriundos da organização empresarial, mas isso não quer dizer que o autônomo não recolha tributos, uma vez que tem de se legalizar, e uma das formas é como microempreendedor individual (MEI) ou simplesmente como prestador de serviço, e todos esses meios de regulamentação preveem impostos.

No *Guia do designer autônomo*, encontramos excelentes considerações sobre como ser bem-sucedido adotando um tipo de trabalho *freelancer*:

> É importante ter em mente que o trabalho do designer, apesar de bastante técnico e fundamentado em conhecimento, acaba parecendo muito subjetivo aos clientes no momento de contratação. Isso significa que, muitas vezes, não adianta nada ter um currículo excelente, uma formação profissional qualificada e não apresentar nenhum projeto que vá encher os olhos do potencial cliente. (Guia..., 2021)

Isso significa que o designer autônomo precisa ter uma atenção especial com a carreira, registrando e documentando os trabalhos feitos, criando um portfólio que o credencie no mercado. Outra dica importante é quanto à disciplina, pois é necessário muita dedicação, esforço e prática para que os projetos alcancem resultados de excelência.

> É claro que é muito importante trazer soluções inovadoras e surpreendentes para cada projeto, utilizando a inspiração para orientar o trabalho. Entretanto, o profissional precisa se lembrar de que o seu esforço é a principal porta de entrada para boas ideias e que de nada adianta ficar esperando a inspiração chegar. (Guia..., 2021)

Em resumo, o trabalho autônomo confere liberdade, autonomia e possibilidades infinitas de gerenciamento de suas atividades, além de permitir que o profissional escolha o tipo de projeto que deseja executar. Um designer autônomo precisa zelar pelos trabalhos realizados a fim de consolidar seu nome e, posteriormente, realimentar com muito mais qualidade os próximos desafios.

5.8 Design empreendedor

O termo *empreendedor* é repleto de variações, para entendê-lo vamos explorar a etimologia dessa palavra, que tem sua origem no vocábulo francês *entrepreneur*, cuja tradução literal é "intermediário" (Pagnussat, 2016). O primeiro empreendedor de quem se tem registro na história foi Marco Polo, isso porque ele assinava um contrato com uma pessoa de recursos e assumia para si os riscos da sua atividade, considerada, na época, aventureira. Em seus estudos, Pagnussat (2016, p. 26), citando Hisrich e Peters (2009), relata:

Na Idade Média, o empreendedor era aquele que apenas administrava grandes projetos, sem precisar assumir os riscos, pois os recursos necessários para tanto eram fornecidos geralmente pelo governo. No século XVII, o empreendedor era a pessoa que firmava um contrato de valor fixo com o governo para desempenhar um serviço ou fornecer um produto, do qual os lucros e as perdas eram de sua responsabilidade, e desta maneira, a atividade de empreendedor voltou a ser relacionada com assumir riscos. No século seguinte, o empreendedor foi diferenciado do fornecedor de capital e uma das causas desta diferenciação foi a industrialização.

Ainda no início da nossa discussão, mencionamos a **economia criativa** como um segmento de incentivo ao design e a todas as atividades que envolvem inovação, empreendedorismo e criação. Relembrando rapidamente o significado de *economia criativa*: "pode ser definida como um conjunto de atividades econômicas baseadas no conhecimento, que fazem uso intensivo do talento criativo incorporando técnicas e/ou tecnologias e agregando valor ao capital intelectual e cultural" (Sebrae, 2015, p. 17). Assim, a importância de um estudo voltado ao estabelecimento de um panorama do design no Brasil está no fato de que

> O design atravessa os elos da cadeia de valor correspondente ao artesanato, indústria e serviços, como ferramenta de melhorias, bem como, na economia criativa, o design tem sua relevância por se tratar de empresas e profissionais que fazem a gestão dos empreendimentos. Diante disso, faz-se necessário um estudo mais focado, envolvendo o design no contexto da economia criativa. (Sebrae, 2015, p. 7)

Com o objetivo de identificar e mapear o segmento de design no Brasil e as interações com economia criativa, o Sebrae pretende, com o estudo intitulado *Panorama do design no Brasil:* o *design no contexto da economia criativa* (2015), fornecer subsídios para empreendedores e gestores dos estados brasileiros.

Ideias, criatividade, imaginação e inovação compõem o universo da economia criativa. A origem desse conceito nasceu na Austrália, em 1994, quando o primeiro-ministro Paul Keating lançou uma campanha para estimular a área cultural. Essa campanha era fruto de uma política pública, ou seja, uma diretriz governamental que recebeu o nome de *Creative Nation*, em português, "nação criativa". Esse conceito evoluiu e hoje representa um grande potencial no mundo. Fazem parte dessa definição os serviços de tecnologia, os sistemas educacionais e os processos e modelos de negócios.

Para Pagnussat (2016), a concepção do designer empreendedor é de um produtor de inovação que aplica conhecimentos na elaboração, produção e distribuição de projetos.

> Os designers podem produzir e distribuir seus próprios produtos, através de novas e avançadas tecnologias para produzir pequenas séries. Assim, o intitulado "designer produtor", pode tornar-se facilmente um empreendedor. Ao se envolver com a produção e distribuição dos produtos que projeta – e assim empreender – o designer tem a possibilidade de mudar o mercado e desafiar o sistema de produção industrial pela forma como cria novos nichos e propõe um modelo alternativo de produção de bens. (Pagnussat, 2016, p. 23)

A inovação refere-se à reconfiguração e à ressignificação dos meios de produção e distribuição, interagindo com seu ecossistema e contexto local. O designer fomenta microeconomias que impactam os sistemas produtivos locais, pois "têm a oportunidade de subverter os monopólios das grandes empresas em muitos setores e de criar uma cultura de produtos mais inventiva e espontânea" (Pagnussat, 2016, p. 24).

A contribuição do design na economia criativa está diretamente ligada ao desenvolvimento sustentável. De acordo com o Sebrae (2015), os produtos de design correspondem a objetos, sistemas e serviços com características estéticas, comerciais e funcionais que visam causar impactos positivos no planeta, carregando, assim, a premissa de serem sustentáveis.

Em suma, o designer empreendedor é aquele que cria, inova, assume riscos e busca constantemente novas oportunidades. *Empreender* não significa somente "ser o dono" de um negócio, mas buscar soluções novas para problemas velhos, significa ser proativo e encontrar alternativas para refazer, ou seja, ressignificar. O empreendedor tem um olhar diferenciado para situações que a maioria das pessoas achariam comuns. A expressão *"sair fora da caixa"* se aplica, mais do que nunca, ao empreendedor atual. Como já vimos, também está atrelada ao próprio design, uma vez que solicita projeção para o externo, busca de soluções, oferecimento de alternativas, a fim de resolver, da melhor forma, certos problemas: esse é o cerne do design, logo, também do empreendedor.

Quanto ao segmento da economia criativa, não é difícil notar que ele corresponde ao design empreendedor. É imprescindível que todo designer esteja conectado a esse segmento, buscando incentivos, participando e provendo eventos. Essa atitude é que garante um desenvolvimento sustentável.

Vamos, agora, a uma rápida abordagem sobre **empreendedorismo social**; vale aludir, ainda que brevemente, esse segmento que desempenha um papel tão importante. Os empreendedores sociais são aqueles que encontram oportunidades de negócio em suas comunidades, solucionando problemas de ordem social e beneficiando uma gama enorme de indivíduos. Esse empreendedor nada mais é que um designer empreendedor, pois, ao buscar uma forma de solucionar problemas, está aplicando um método essencial do design. Não se trata de filantropia, pois, para o empreendedor social, o negócio é um empreendimento que gera empregos e renda, mas a diferença para os demais tipos de design é que não há uma busca desenfreada pelo lucro, existe uma preocupação em garantir um preço justo para o serviço ou produto ofertado.

Dees (2001, citado por Pagnussat, 2016) propõe uma definição "idealizada" de empreendedorismo social, considerando, sobretudo, os agentes responsáveis por essas mudanças na sociedade. Segundo o autor, esses agentes:

> a) adotam uma missão para criar e manter valor social (e não apenas valor privado); b) reconhecem e procuram obstinadamente novas oportunidades para servir essa missão; c) empreham-se num processo contínuo de inovação, adaptação e aprendizagem; d) agem com ousadia sem estar limitados pelos recursos disponíveis no momento e, e) prestam contas com transparência as clientelas que servem e em relação aos resultados obtidos. (Dees, 2001, citado por Pagnussat, 2016, p. 30)

Na sequência, vamos distinguir o design autônomo do empreendedor no que se refere aos aspectos legais.

5.9 Design autônomo e empreendedor: aspectos legais

Quanto se trata de design autônomo ou empreendedor, novamente os conceitos parecem confundir-se. É verdadeiro admitir que ambos têm características semelhantes e que, em certos momentos, se fundem. Tanto o design autônomo quanto o empreendedor fazem parte do segmento criativo. Por isso, é fundamental conhecer os aspectos legais dessas duas modalidades. Vejamos as premissas que definem um design autônomo.

O **profissional autônomo** não é vinculado a empresas, ou seja, não tem um vínculo empregatício que o identifica com algum cargo/função dentro de uma organização. Esse profissional é independente, por isso não tem verbas ou direitos trabalhistas que o amparam. No entanto, ele tem de contribuir com o Instituto Nacional do Seguro Social (INSS) e pagar o Imposto sobre Serviço (ISS). Ainda, esse profissional, caso queira, pode colaborar com a previdência privada e, posteriormente, obter benefícios previdenciários. Caso seja pessoa jurídica (PJ), precisa pagar tributos ao Programa de Integração Social (PIS) e ao Programa de Formação do Patrimônio do Servidor Público (Pasep), conhecidos pela sigla PIS/Pasep, bem como à Contribuição para o Financiamento da Seguridade Social (Cofins) e à Contribuição Social sobre o Lucro Líquido (CSLL) (Jornal Contábil, 2016).

Vamos verificar, portanto, as categorias, em termos legais, nas quais um designer pode enquadrar-se. As definições dizem respeito às relações de trabalho, impostos e tributação. O designer, sendo um empreendedor, pode enquadrar-se, por exemplo, na categoria microempreendedor individual (MEI), que corresponde a um empreendedor que tem renda anual de até R$ 60.000,00. Esse profissional não pode ter vínculo empregatício com mais nenhuma empresa, como funcionário ou proprietário. Quem é MEI também não pode contratar mais que um funcionário (Jornal Contábil, 2016).

Existe outra categoria na qual os designers podem enquadrar-se juridicamente, porém, nem todas as modalidades do design estão contempladas, sendo somente para os designers autorais e os autônomos: o **profissional liberal**, que corresponde ao profissional técnico em determinada área de negócios. Esse tipo de profissional está registrado em algum conselho de classe ou ordem e pode ter vínculo empregatício como pessoa física, sendo igualmente cabível trabalhar como PJ, ou seja, desempenhar sua função como profissional autônomo com CNPJ. Ao comercializar seu trabalho, o profissional liberal é obrigado a pagar tributos relativos aos serviços prestados, como imposto de renda (seja como pessoa física, seja como PJ), INSS, PIS e ISS (Wesley, 2020).

Com essas definições, é possível entender as formas de trabalho para o designer e, assim, definir para qual seria melhor direcionar a carreira, lembrando que nenhuma delas precisa ser definitiva, mas, antes, devem atender a algumas necessidades momentâneas. Salientamos que as definições apresentadas são de teor técnico-legal e que, ao decidir por uma delas, o profissional deve estar ciente de todas as suas obrigações. Existem, claro, outros enquadramentos legais, como as micro e pequenas empresas, porém estas já se referem à criação de organizações com funcionários e outras características mais abrangentes, e estamos tratando do designer no papel de trabalhador individual.

Mais uma abordagem que merece destaque, e posterior aprofundamento, é o design estratégico. Silva (2016, p. 71) relata que o design está ganhando projeção como "uma ferramenta estratégica para o reconhecimento da produção local", isso porque promove, valoriza e mantém os aspectos culturais e a identidade regional. O referencial criativo do trabalho do designer está ligado às histórias pessoais, às raízes, isto é, os processos criativos revelam uma identidade local, como na criação do conceito de uma página da *web*, com cores e imagens que remetem ao desenho da renda de bilro, característica das rendeiras de Florianópolis, para uma empresa da região. Ao fazê-lo, o designer está possibilitando relacionamentos em rede, que têm potencial para produzir experiências positivas e significativas.

O metaprojeto manifesta-se na concepção e na criação de produtos que evidenciam identidades comunitárias. Vejamos a definição apresentada por Moraes (2010, p. 25, grifo nosso) sobre esse conceito:

> O Metaprojeto vai além do projeto, pois transcende o ato projetual. Trata-se de uma reflexão crítica e reflexiva preliminar sobre o próprio projeto a partir de um pressuposto cenário em que se destacam os fatores produtivos, tecnológicos, mercadológicos, materiais, ambientais, socioculturais e estético-formais, tendo como base análises e reflexões anteriormente realizadas antes da fase de projeto, por meio de prévios e estratégicos recolhimentos de dados.
>
> Por seu caráter abrangente e holístico, **o metaprojeto explora a potencialidade do design**, mas não produz *output* como modelo projetual único e soluções técnicas preestabelecidas, mas um articulado e complexo sistema de conhecimentos prévios que serve de guia durante o processo projetual. Nesse sentido, o metaprojeto pode ser considerado [...] como o "projeto do projeto" em que amplio o conceito para o "design do design". Dessa maneira **o design vem aqui entendido, em sentido amplo, como disciplina projetual dos produtos industriais e serviços, bem como um agente transformador nos âmbitos tecnológicos, sociais e humanos**.

Para Silva (2016, p. 104, grifo nosso),

> [o metaprojeto] pela interpretação-chave de meios sociais e culturais [...] promove novos sentidos e valores, numa averiguação de projeto desenvolvido pelas dinâmicas dos grupos e pelas influências socioculturais que irão provocar novos artefatos que possam vir a ser uma tradução de tendências e desejos latentes dos indivíduos. **O design é um catalisador de influências sociais, artísticas, econômicas, científicas e culturais, e nesta complexidade, é primordial a habilidade do designer em saber gerenciar, na cultura projetual, a abordagem deste mundo fluído e complexo, assim acreditamos ser o metaprojeto uma possibilidade de atuação na complexidade com um olhar "aberto e dinâmico"**.

O design estratégico, desse modo, pode ser visto como uma possibilidade de transformar elementos socioculturais, identidades comunitárias, referências regionais em artesanato, arte e design, valorizando, assim, um grupo social. Há aqui uma semelhança com o design autoral, que desenvolve um olhar criativo para novas abordagens, buscando, em certos momentos, referencial histórico, resgatando raízes e valorizando emoções.

Silva (2016, p. 155) aponta o seguinte caminho para o design estratégico:

> [é possível] gerar uma aproximação, através de sintonias entre disciplinas de design, arte, artesanato e comunicação caracterizando estas disciplinas projetuais criativas, que se inter-relacionam e evoluem-na experimentação mútua. Por meio da interação dialógica durante a projetação de artefatos pelas metodologias autorais, a partir de técnicas de lúdico, deslocamentos, e compreendendo que os ambientes de co-design podem ser ativados como espaços de transferência de conhecimentos da cultura projetual e deste modo beneficiar-se das práticas reflexivas associadas ao metaprojeto.

Ao fim de mais um capítulo, em que nos dedicamos ao estudo da arte, do artesanato e do design, no que diz respeito às convergências e às divergências, bem como ao estudo das classificações do design, se autoral ou empreendedor, evidenciamos que o mais importante é combater a segmentação e a discriminação na área de design, pois o processo criativo somente pode ser satisfatório se dotado de colaboração, cooperação e cocriação. Assim, é fundamental que todas as áreas estejam sempre abertas para novas experimentações, como o design na arte, no artesanato, o design autoral como autônomo ou empreendedor.

Vimos que distintas iniciativas e modalidades se mesclam (nos âmbitos artístico, artesanal ou de design) a ponto de suas identidades serem confundidas. O conhecimento de suas características, contudo, é um meio de transitar por essas concepções sabendo distingui-las, e esse atributo é fundamental àqueles que atuam nessas áreas, pois, ao usuário ou consumidor, importa receber o melhor produto ou serviço, com padrões estéticos claros e que satisfaçam suas necessidades.

Quanto mais trânsito o designer tiver, mais oportunidades de criações inovadoras. Quanto mais possibilidades inovadoras criar, maiores as chances de construir outras soluções para os mais diversos problemas. Assim, as entregas devem ser plurais e sem fronteiras.

Vanzyst/Shutterstock

/ CAPÍTULO 6

ELEMENTOS FUNDAMENTAIS NA PRÁTICA DO DESIGN

A esta altura, estamos chegando ao fim de nossa jornada pelos fundamentos do design, e, neste último capítulo, abordaremos tópicos muito importantes para o aprendizado na área. Os assuntos tratados aqui estão diretamente ligados à prática, às concepções e às percepções de atuação do designer.

No que diz respeito à prática, veremos alguns conceitos de design da área de comunicação visual, como tipografia e teoria das cores. Quanto às concepções, o foco recairá sobre a interface do design com o meio ambiente, a biomimética, a ergonomia, o design de interação, a usabilidade e a acessibilidade. As percepções nos conduzirão ao debate ético no design.

Afinal, ser um bom designer não é algo que acontece por intuição, por acaso ou por um talento nato. É fruto de muito estudo e muita prática, e certos fundamentos são a base para elaborar e executar bons projetos.

6.1 Teoria das cores

A teoria das cores é um conceito fundamental do design, uma vez que aponta para certas influências no comportamento do usuário, ou seja, em seu humor e em suas sensações, reações e vontades. Quando um designer cria uma interface, por exemplo, ele precisa analisar detalhadamente a paleta de cores, pois essas escolhas serão grandes responsáveis por um projeto com resultados positivos.

Na teoria das cores, o estudo parte da fisiologia, isto é, como a cor é interpretada pelo cérebro humano, e chega na aplicação em peças de comunicação visual, sendo, assim, a teoria testada na prática. Portanto, esse estudo concentra-se em entender de que maneira o ser humano age diante da cor e como utilizá-la favoravelmente, de forma a passar determinada ideia, sensação ou sentimento (Arty, 2021a).

Nas seções a seguir, apresentaremos alguns itens importantes e que podem fornecer subsídios para a concepção de projetos inspiradores.

6.1.1 Círculo cromático

O círculo cromático corresponde a uma representação das cores que o olho humano pode perceber e reconhecer. Como a denominação indica, é um círculo no qual as cores distribuídas geram diversas combinações.

O círculo cromático é formado por 12 cores (Figura 6.1), sendo três primárias, três secundárias e seis terciárias.

- Cores primárias: amarelo, vermelho e azul.
- Cores secundárias: a mistura de duas cores primárias.
- Cores terciárias: a mistura das cores primárias com as cores secundárias.

Figura 6.1 – **Círculo cromático**

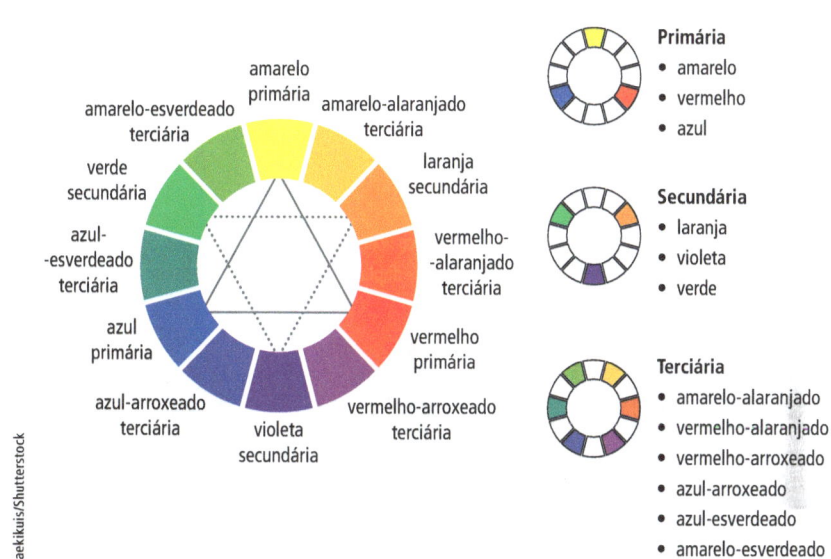

Primária
- amarelo
- vermelho
- azul

Secundária
- laranja
- violeta
- verde

Terciária
- amarelo-alaranjado
- vermelho-alaranjado
- vermelho-arroxeado
- azul-arroxeado
- azul-esverdeado
- amarelo-esverdeado

As cores primárias são o amarelo, o vermelho e o azul. Essas são cores puras, que não se fragmentam. Todas as outras cores serão formadas a partir delas, conforme ilustra a Figura 6.2.

Figura 6.2 – **Formação das cores**

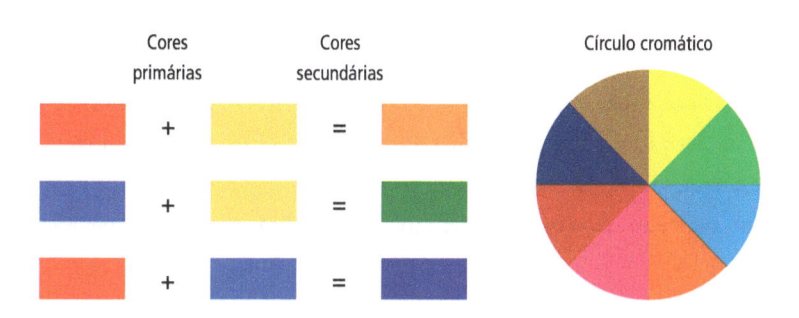

6.1.2 Combinação das cores

Encontrar combinações de cores adequadas é um dos maiores desafios de um designer. Vejamos a figura a seguir.

Figura 6.3 – **Combinações das cores**

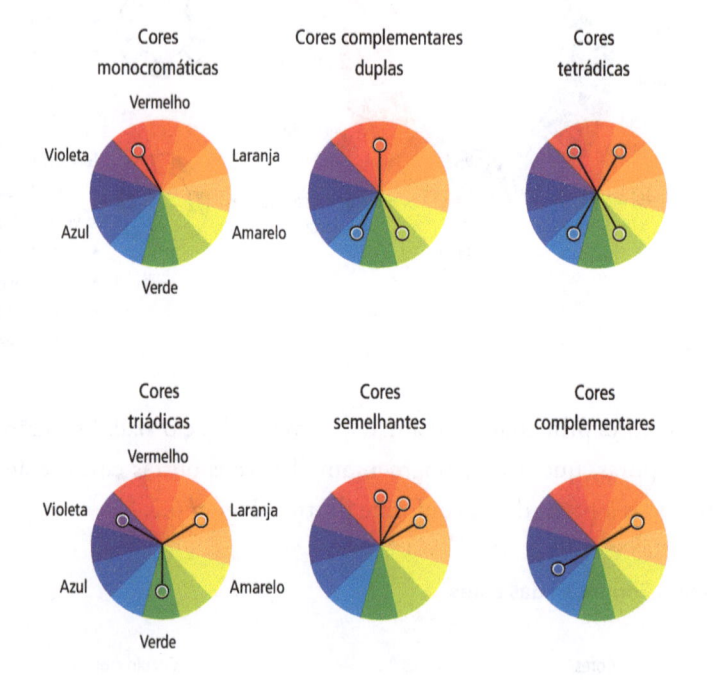

Sandy Storm/Shutterstock

É por meio da combinação de cores que um trabalho pode ser caracterizado como harmônico ou não, pois são elas que traduzem energia, vibração, tristeza ou alegria ao objeto. As cores comunicam um conceito *clean* ou *dark*, algo mais "leve e limpo" ou mais "pesado e sujo".

O estudo das combinações das cores é importante porque cada matiz tem um significado e uma função, podendo despertar sensações diversas. Mas o que é matiz? O matiz é responsável por diferenciar as cores, como azul, vermelho, amarelo, verde etc. Para obter um visual agradável, efetivo, é preciso combinar as cores de uma forma harmoniosa. Não existem regras composicionais, dependendo apenas do objetivo que o designer pretende atingir, porém algumas combinações são mais eficientes que outras e podem auxiliar no momento da escolha.

Para tanto, é necessário saber utilizar o círculo cromático, fazer combinações geniais e entender os sistemas harmônicos das cores. Primeiro, vamos partir do princípio de que os esquemas de cores podem representar sentimentos, ideias e sensações.

Esquema 1: *Complementary* – Combinações de cores complementares

As cores complementares (também conhecidas como *suplementares* ou *de contraste*) integram combinações que têm mais contraste: vermelho e verde, azul e laranja e amarelo e violeta. Esse alto contraste apresenta uma aparência vibrante, principalmente se usado com saturação total. Para encontrá-las no círculo cromático, é só verificar a cor que está na posição diametralmente oposta à cor escolhida (Figura 6.4).

Figura 6.4 – **Cores complementares**

As cores complementares são indicadas para criar a sensação de força e de equilíbrio, justamente por gerarem contraste. Dificilmente elas são utilizadas em grandes doses. Funcionam mal em textos, mas são ótimas quando se quer destacar algo. Uma dica no uso de cores complementares é escolher uma das cores como dominante, a outra cor, por sua vez, deve servir apenas para fornecer alguns toques mais sutis, como em destaques.

Esquema 2: *Split Dual Complementary* – Divisão complementar/Combinações de cores complementares divididas

Essa combinação é uma variação da complementar. Ela usa uma cor principal e duas cores adjacentes (Figura 6.5).

Figura 6.5 – **Cores complementares divididas**

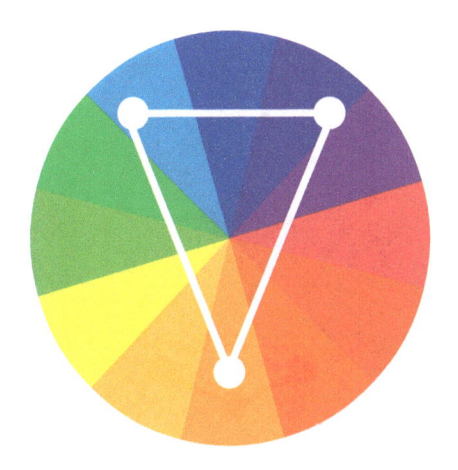

O esquema de cores com divisão complementar geralmente é uma boa opção para iniciantes, pois é difícil errar na aplicação. Embora essa harmonia ainda tenha bastante contraste, este é mais "suave" do que a complementar direta, isto é, apresenta o mesmo contraste forte visual que o complementar, mas com menos tensão.

Esquema 3: *Analogous* **– Combinações de cores análogas**

Encontramos essas cores lado a lado no círculo cromático. Assim, azul-esverdeado, verde e verde-amarelado são exemplos de cores análogas. Na maioria das vezes, é composta por uma cor primária e suas adjacentes (Figura 6.6). Como as cores têm a mesma base, essa é uma composição de pouco contraste.

Figura 6.6 – **Cores análogas**

Um aspecto dessa combinação é que os matizes são variações de uma cor básica em comum. Esquemas de cores análogos são frequentemente encontrados na natureza e são harmoniosos e agradáveis aos olhos, por isso podem trazer uma sensação de uniformidade, calma e tranquilidade. Eles geralmente combinam bem e criam designs serenos e confortáveis.

As combinações análogas têm algumas variações. Usam três cores adjacentes mais uma complementar (Figura 6.7). A inclusão de mais uma cor oferece mais contraste, quebrando o ritmo das cores análogas.

Figura 6.7 – **Cores análogas mais uma complementar**

Ainda, as cores análogas podem ser equilibradas com uma cor complementar. Essa harmonia consiste em escolher duas cores análogas e pular a terceira cor, para a direita ou para a esquerda, adicionando a cor seguinte (Figura 6.8). Essa variação apresenta mais contraste do que a análoga simples.

Figura 6.8 – **Cores análogas relacionadas**

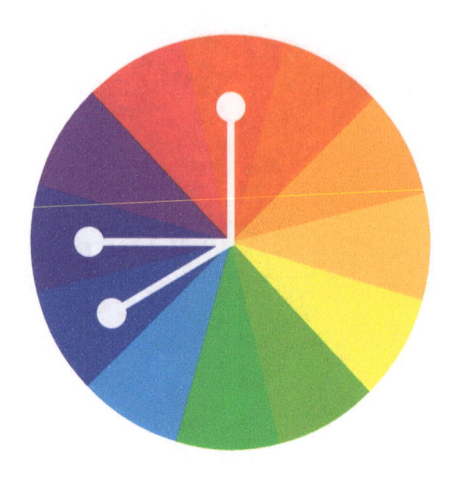

As combinações com cores análogas são elegantes e provocam sensações de unidade e coerência.

Esquema 4: *Triadic* – Combinações de cores triádicas

Consiste na utilização de três cores com a mesma distância (equidistante) no círculo cromático, formando um triângulo. São cores espaçadas de maneira uniforme (Figura 6.9). Essa combinação apresenta um alto contraste com riqueza de cores.

Figura 6.9 – **Cores triádicas (triângulo)**

Para fazer um bom uso da harmonia triádica, as cores devem ser cuidadosamente equilibradas. É indicado deixar uma cor sendo a dominante e as outras duas cores somente servindo de destaque. A tendência desses esquemas é que sejam combinações bastante vibrantes, mesmo quando se usam cores pálidas ou com baixa saturação.

Esquema 5: *Tetradic* **– Combinações de cores tetrádicas**

Esse esquema usa dois pares de cores complementares. São combinações que permitem muitas variações e que apresentam alto contraste. Vejamos a figura a seguir.

Figura 6.10 – **Cores tetrádicas (retângulo)**

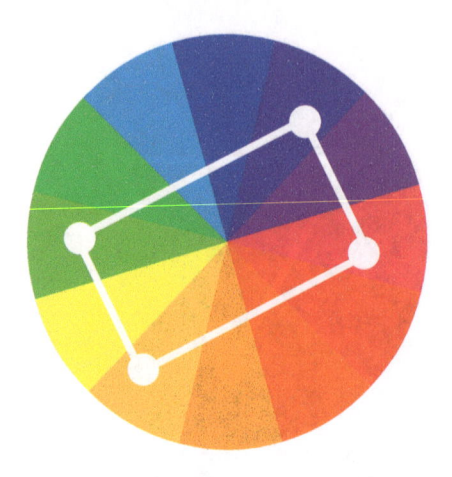

Esse esquema de cores é muito rico e oferece inúmeras possibilidades de aplicações. Para se obter uma maior eficiência dos esquemas de cores tetrádicos, é aconselhável escolher uma cor dominante. Outra dica: é preciso ter muita atenção com o equilíbrio entre cores quentes e frias no design.

Nesse esquema, existe, ainda, o quadrado de cores harmônicas. Trata-se igualmente de um esquema tetrádico, mas com cores equidistantes. Essa combinação utiliza quatro cores que formam um quadrado dentro do círculo cromático (Figura 6.11). Trabalhar com quatro cores é um desafio, mas o resultado pode ser surpreendente.

Figura 6.11 – **Cores tetrádicas (quadrado)**

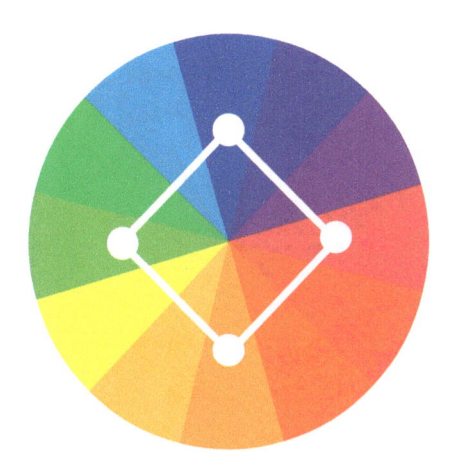

Para definir o melhor tipo de combinação para o projeto, é importante analisar as características da empresa, do mercado de atuação e, claro, dos clientes.

Esquema 6: *Interspersed* – Combinações de cores intercaladas

Essa harmonia consiste em escolher três cores intercaladas no círculo cromático (Figura 6.12). Trata-se de uma combinação com um bom contraste, porém, é preciso ter atenção e sensibilidade ao utilizá-la, pois pode ser um esquema de difícil aplicação.

Figura 6.12 – **Cores intercaladas**

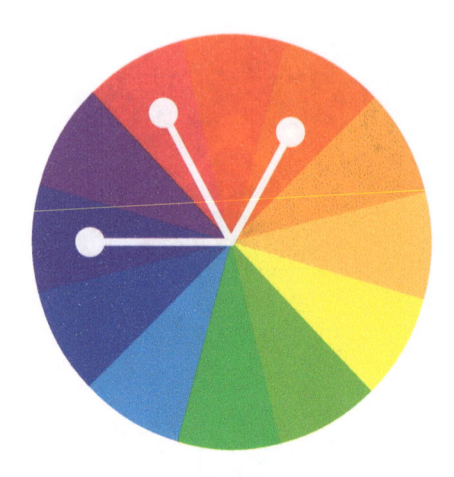

As cores intercaladas conferem ao trabalho harmonia com alguma dose de contraste.

Esquema 7: *Monochromatic* **– Combinação de cores monocromáticas**

Um conjunto de cores cuja harmonia consiste em usar apenas uma cor, alterando apenas sua tonalidade, ou seja, mudando somente a saturação e o brilho da cor: mais ou menos luminosidade, uso de uma cor mais escura e uso de tom sobre tom (Figura 6.13).

Figura 6.13 – **Cores monocromáticas**

Esse conjunto apresenta pouco contraste, mas pode criar um efeito visual agradável, elegante, como o efeito degradê. Isso é harmonia com elegância e sutileza!

6.1.3 Contraste e temperatura das cores

O contraste é a relação que define as diferenças entre as cores. Isso significa que, ao colocarmos duas cores distintas em contraste, a diferença entre elas será intensificada. Arty (2021a) explica algumas formas de aplicações práticas de contraste, vejamos:

- **Cor pura**: é o contraste que usa as cores saturadas do círculo cromático.
- **Complementares**: corresponde ao contraste entre uma cor e sua complementar. Esse é o contraste mais forte que se pode obter.
- **Claro e escuro**: centrado na luminosidade, no branco, no preto e na gama de cinza. Esse tipo de contraste ocorre quando se coloca uma cor clara próxima a uma cor escura.
- **Quente e frio**: refere-se ao contraste das cores quentes com as cores frias e vice e versa.
- **Saturação**: faz uso de somente uma cor. Esse contraste usa a intensidade, o tom e a luminosidade da cor.

O círculo de cores pode ser dividido em cores quentes e frias (Figura 6.14). As cores quentes são vivas e energéticas e tendem a avançar no espaço; as cores frias dão uma sensação de calma e criam uma impressão suave. Branco, preto e cinza são considerados neutros.

Figura 6.14 – **Temperatura das cores**

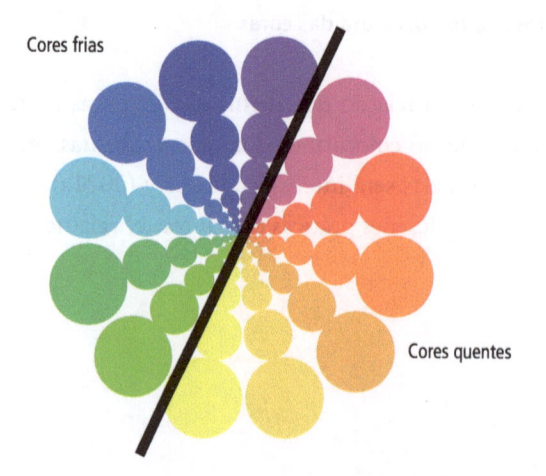

6.1.4 Paleta de cores

Uma paleta de cores corresponde a um conjunto de tons/tonalidades selecionado para criar uma harmonia, comunicar alguma sensação ou característica em um projeto. Essa mistura de cores sempre é feita com o objetivo de atingir resultados específicos. Para utilizá-la, é preciso ter como base as ideias de harmonização do círculo cromático

De modo geral, uma paleta de cores precisa apresentar uma cor dominante e uma segunda cor como suporte. Pode ser usada também uma terceira cor para acentuar partes importantes do ambiente e, com isso, criar uma mistura de cores favorável. Para uma paleta de cores com um contraste forte e que seja chamativa, o ideal é fazer uso das cores complementares (Figura 6.15).

Figura 6.15 – **Paleta de cores**

Neste momento, você provavelmente está se perguntando: Qual é a diferença entre tonalidade, sombra e tom? Seria correto empregar somente o termo *tons* para falar sobre as variações de cores? A explicação não é nada difícil, vamos a ela: se você adiciona branco a uma cor e ela fica mais clara, o resultado é chamado de *tonalidade*. Mas, caso adicione o preto, essa variedade mais escura da cor recebe o nome de *sombra*. Agora, se você adicionar o cinza, o resultado é denominado *tom*, pois se atinge somente um tom diferente.

Logo, conhecer a teoria das cores é imprescindível no trabalho desempenhado pelo designer, já que a cor garante eficiência na transmissão da mensagem, além de, se bem pensada, ser algo agradável aos olhos. Apresentamos, aqui, apenas uma visão básica e breve da teoria, mas esperamos que este estudo tenha despertado sua curiosidade e sua vontade de aprender muito mais.

Assim, para entender a relevância das cores na comunicação visual, é preciso conhecer outras abordagens além do design, como a psicologia das cores. Não trataremos desse assunto, mas, caso queira procurar, deixamos indicados dois *blogs* que abordam o tema de forma excelente:

1. Blog da Print: https://www.printi.com.br/blog/psicologia-das-cores-voce-sabia-que-cada-cor-pode-alterar-sua-percepcao
2. Chief of Design: https://www.chiefofdesign.com.br/sobre/

6.2 Tipografia

A tipografia pode ser definida como a mecanização da escrita para a reprodução de textos em série. Quando falamos de tipografia, não nos referimos apenas à estética, mas também à mensagem por ela transmitida. Viana (2019) relata que "a utilização do termo 'fonte', que substitui a expressão 'tipo de letra', se deu por conta da aplicação de computadores anglicizados e pelo ajuste de programas da Microsoft para o português, porém, as duas nomenclaturas são aceitas".

Viana (2019) ainda explica que a fonte tipográfica é um conjunto de caracteres com o mesmo formato, ou seja, com as mesmas características, a mesma forma e quase sempre o mesmo tamanho. Existem, ainda, as famílias tipográficas, que são variações das fontes: itálico, negrito e sublinhado são as variações estilísticas de uma fonte. Uma das etapas mais importantes em um projeto de design é a escolha tipográfica, e isso independe de ser um projeto digital ou impresso, uma vez que a tipografia é a "voz" do projeto e, por isso, deve ser coerente com seu objetivo comunicacional (Arty, 2021b). É sempre bom lembrar que o sucesso de um projeto pode estar condicionado à escolha de uma tipografia adequada.

A Figura 6.16 mostra alguns preceitos gerais da tipografia.

Figura 6.16 – **Elementos fundamentais da tipografia**

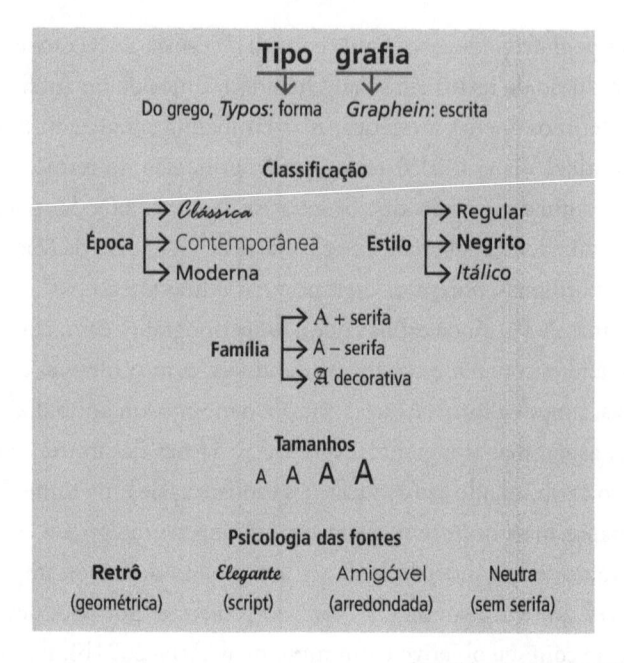

```
                    Tipo    grafia
                     ↓        ↓
            Do grego, Typos: forma   Graphein: escrita

                       Classificação

                  ↱ Clássica              ↱ Regular
          Época  → Contemporânea  Estilo → Negrito
                  ↳ Moderna               ↳ Itálico

                              ↱ A + serifa
                    Família  → A − serifa
                              ↳ 𝔄 decorativa

                         Tamanhos
                       A A A A

                    Psicologia das fontes
         Retrô        Elegante      Amigável       Neutra
      (geométrica)    (script)    (arredondada)  (sem serifa)
```

Fonte: Elaborado com base em Aley, 2014.

6.2.1 Fonte, letra e família tipográfica

Vejamos, agora, alguns itens importantes da tipografia, conforme apresenta Arty (2021b):

- **Glifos (letras, caracteres)**: signos alfabéticos criados para reprodução mecânica.

    a b c d f g

- **Família tipográfica:** conjunto de caracteres com os mesmos atributos de desenho, independentemente das variações (inclinação, peso, corpo). Ex.: família da fonte Lucida.

𝔏𝔲𝔠𝔦𝔡𝔞 𝔅𝔩𝔞𝔠𝔨𝔩𝔢𝔱𝔱𝔢𝔯
Lucida Bright
Lucida Calligraphy
Lucida Handwriting
Lucida Console
Lucida Sans
Lucida Sans Typewriter
Lucida Sans Unicode

- **Fonte:** conjunto de glifos que integram uma família tipográfica. Esse termo também designa os arquivos de fonte digitais.

Figura 6.17 – **Conjunto de glifos**

	!	"	#	$	%	&	&	'	(	)	*	+	,	-	.	/	0	0	0	0	1
1	1	1	2	2	2	2	3	3	3	3	4	4	4	4	5	5	5	5	6	6	6
6	6	7	7	7	7	8	8	8	8	9	9	9	9	9	:	;	<	=	>	?	@
A	a	A	B	B	C	c	D	D	E	e	E	F	F	G	G	H	H	I	I	I	I
J	J	K	K	K	L	L	M	m	M	N	n	N	O	o	P	P	Q	Q	R	R
S	s	T	T	U	U	U	V	v	W	w	X	x	Y	Y	Z	z	[	\	]	^	_
`	a	ɑ	b	c	d	e	f	g	h	i	j	i	k	k	l	l	l	m	n	o	p
q	q	r	s	t	t	t	u	v	w	x	y	y	z	{	|	}	~	¡	¢	£	¤	¥
¦	§	¨	©	ª	«	¬	®	¯	°	±	²	³	´	µ	¶	·	¸	¹	º	»	¼
½	¾	¿	À	À	Á	Á	Â	Â	Ã	Ã	Ä	Ä	Å	Å	Å	Æ	Æ	Ç	Ç	È
È	É	é	é	Ê	ê	Ë	ë	Ì	ì	Í	í	Í	Í	Î	î	Î	Î	Ï	Ï
Ï	Ï	Ð	Đ	Ñ	Ñ	Ñ	Ò	ò	Ó	ó	Ô	ô	Õ	õ	Ö	ö	×	Ø	ø	Ù	ù
Ú	ú	Û	û	Ü	ü	Ý	ý	Þ	þ	ß	à	à	à	á	á	á	â	â	ã
ã	ã	ä	ä	å	å	æ	ç	è	è	é	é	ê	ê	ë	ë	ì	ì	î	î	ð	ñ	ò
ó	ô	õ	ö	÷	ø	ù	ù	ú	ú	û	ü	ý	ý	þ	ÿ	ÿ	Ā	Ā	ā	ā	ā

- **Anatomia dos tipos**: composta por um conjunto de elementos, como bojo, haste, perna, serifa, oco, cauda, terminal, vértice, ligação, orelha, gancho, junção, espora, incisão, abertura, espinha e braço, conforme apresenta a Figura 6.18.

Figura 6.18 – **Anatomia das fontes (tipos)**

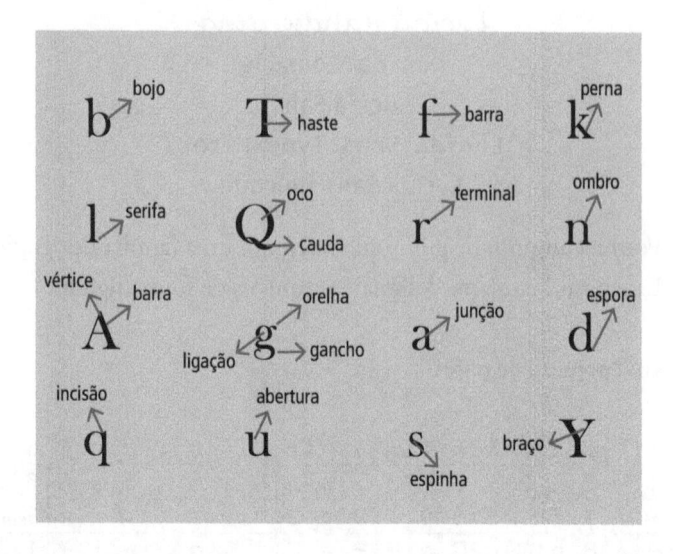

Para esclarecer melhor, vejamos, no Quadro 6.1, um comparativo entre fontes com e sem serifa.

Quadro 6.1 – **Fontes com e sem serifa: diferenciações**

Fontes *Serif*	Fontes *Sans Serif*
Apresentam pequenas linhas nas bordas das letras e símbolos.	Não tem as pequenas projeções (serifas) ao fim do traço.
São mais fáceis de ler em textos impressos.	São mais bem visualizadas na *web*.
São usadas para guiar o fluxo dos olhos e aumentar o contraste e o espaçamento entre as letras.	Mostra-se melhor em tamanhos menores, pois as fontes sobrevivem às reproduções. Suas formas são simples.
São usadas para textos de corpo, pois são mais legíveis e evitam a fadiga na leitura	São boas para as crianças em fase de aprendizado de leitura, por serem simples e mais reconhecíveis.
Largamente utilizadas em eventos corporativos, por passar uma ideia de confiança, respeitabilidade, autoridade e tradicionalidade.	Normalmente utilizadas em conferências e seminários, por passar uma ideia de universalidade, clareza, modernidade, objetividade e estabilidade.

Você deve ter percebido, ainda que brevemente, o quanto esse conteúdo é importante para um designer. Portanto, depois de ter sido introduzido ao assunto, é preciso buscar um conhecimento mais aprofundado, que não caberia no escopo deste livro. Deixamos indicado um exercício fácil e útil: elabore um guia com as fontes que julgar mais interessantes e identifique-as com base na potência de usabilidade em seus projetos.

6.3 Design de interação

O nome da área já define o que está em sua essência. O design de interação dedica-se especificamente às formas de interatividade do usuário com o sistema, seja ele qual for. Assim, o designer precisa buscar estratégias e ferramentas que o permitam entender todas as formas de interação do usuário com o sistema ou aplicativo.

Para tanto, o designer precisa estar preparado para utilizar quatro pilares essenciais, quais sejam (Vibryt, 2019):

1. **Estética** – Corresponde à maneira como o usuário do aplicativo se sente ao interagir com a interface. Essa esfera do design de interação costuma preocupar empresas que se dedicam a fornecer, por meio da criação de *personas*, uma interface que entregue uma ótima experiência usuário. Todavia, é preciso cuidar para não se dedicar somente a isso, uma vez que todas as demais áreas do design de interação, se executadas de modo efetivo, contribuem para a melhoria da experiência do usuário com o produto.
2. **Legibilidade** – Como o próprio nome sugere, a legibilidade está ligada à possibilidade de ler, com facilidade, textos, imagens, ícones e, até mesmo, sons integrados ao produto oferecido ao usuário. Para tanto, é preciso ponderar a respeito do uso de cores, tamanho, forma, fonte, linguagem, entre outros aspectos.
3. **Usabilidade** – O designer de interação costuma preocupar-se seriamente com a usabilidade do produto, isto é, o usuário tem de conseguir navegar, fácil e agradavelmente, pelo sistema desenvolvido, de modo a encontrar, quase que intuitivamente, os elementos interativos dos quais necessita para completar suas ações.

4. **Funcionalidade** – O design tem de apresentar alguma função para ser interativo, pois, se não tem uma função e não é interativo, não pode ser considerado um sistema. Desse modo, o design de interação emprega a tecnologia a seu favor ao desenvolver o *front end* de um projeto/produto funcional.

Assim, o design de interação está aliado ao *User Experience* (UX) design, que já vimos no Capítulo 3. O UX carrega em seu DNA a interação, e é por meio dela que o usuário conversa com seu produto (sistema, *app*, *website* etc.). Se essa interação for ineficiente, ele certamente irá procurar outro produto que lhe pareça mais interessante. Logo, o foco da interação é criar experiências atrativas, descomplicadas e que prendam a atenção do usuário, conferindo-lhe sensações prazerosas e gratificantes.

6.4 Usabilidade

A usabilidade, como já vimos, está ligada ao modo de o usuário lidar com uma ferramenta, ou seja, trata-se da maneira como uma ferramenta ou um produto tecnológico é aplicado para que cumpra sua função. A usabilidade engloba as interações entre os seres humanos e as máquinas, com o objetivo de simplificar as atividades para as quais foram criadas. De maneira geral, refere-se à definição das interfaces tendo em vista o usufruto do cliente, que, para atender às expectativas, precisa ser simples, prática e funcional.

Quando falamos de *softwares*, automação e marketing digital, se não houver uma interface com usabilidade, as consequências podem ser terríveis. Volpato (2016) faz uma reflexão sobre usabilidade, dizendo que parece incrível, mas as pessoas percebem muito mais a usabilidade quando ela é ruim. Quando é boa e tudo funciona perfeitamente, ninguém se lembra dela. Por isso é que se fala tanto em problemas de usabilidade.

A usabilidade surgiu da ergonomia. Atualmente, a ergonomia está voltada mais a objetos físicos; a usabilidade, por sua vez, a interfaces digitais. Jakob Nielsen (1993, citado por Volpato, 2016), uma das maiores autoridades em usabilidade no mundo, assevera: "Usabilidade é atributo de qualidade para avaliar a facilidade de uso de uma interface. A palavra 'usabilidade' também se refere a métodos para melhorar a facilidade de uso durante o processo de design".

Nielsen (1993, citado por Volpato, 2016) define a usabilidade em cinco componentes:

- **Facilidade de aprendizado**: o quão fácil é para os usuários completar tarefas básicas a primeira vez que eles utilizam a interface?
- **Eficiência de uso**: uma vez que os usuários aprenderam a utilizar a interface, quão rápido eles conseguem realizar as tarefas?
- **Facilidade de memorização**: quando os usuários retornam à interface depois de um período sem usar, conseguem utilizar de novo com facilidade?
- **Erros**: quantos erros os usuários cometem, quão graves são esses erros e qual a dificuldade para corrigi-los?
- **Satisfação subjetiva**: a interface é agradável?

Para verificar a usabilidade, existem diversos testes, tais como: questionários, *feedbacks*, canais de atendimento, suporte etc. Esses testes atendem a características de produto e perfil do cliente, porém, para que um produto alcance sucesso e seja referência, é fundamental aplicar metodologias de melhoria contínua.

Um lembrete: o que você estudou hoje pode ser ultrapassado amanhã, portanto, mantenha-se atualizado.

6.5 Acessibilidade

Já há algum tempo, os conceitos de acessibilidade vêm sendo difundidos e, cada vez mais, exigidos pela sociedade em geral. Proporcionar a todos, indiscriminadamente, acesso a espaços, à tecnologia e à informação é uma premissa para qualquer setor, econômico, social ou educacional.

Ao estudarmos design e acessibilidade, não podemos deixar de abordar o tema design universal, meio pelo qual é possível oferecer a todas as pessoas condições de acesso e ótimas experiências. Para isso, é preciso conceber projetos que não excluam nenhum tipo de cliente em potencial da experiência que o design pode proporcionar.

Quando falamos em deficiências, logo pensamos em deficiências físicas, como visual e auditiva, sem lembrar que todos, em algum momento, apresentam uma necessidade específica. Além disso, muitos distúrbios podem impactar a experiência do usuário, como daltonismo, autismo, hipersensibilidade auditiva, dislexia, entre muitos outros.

O designer, seja qual for sua área de atuação, precisa estar atento a esse público e oferecer a eles a melhor e mais inclusiva experiência. Hoje, existe uma gama de ferramentas que permite ao designer adaptar um *site* para um "público especial", o que torna a atividade plenamente viável, quando se trata, é claro, de um profissional dedicado a projetar e a desenvolver. Porém, embora exista essa alternativa, ela não se apresenta como sendo a ideal, pois é preciso mudar o *mindset* e elaborar um design universal. Vejamos o que diz a Agência Inbound (2016) sobre o assunto, referindo-se ao design gráfico e ao *web* design:

> Uma forma de abranger esse público ["especial"] sem atrapalhar o seu *workflow* padrão é o conceito de Design Universal que vem se apresentado como a ascensão do UX e UI Design. Design Universal envolve a filosofia de "design para todos", com escolhas e atenção a pequenos detalhes que fazem toda a diferença na vida de pessoas que precisam dessa atenção especial. A escolha certa de cores, fontes, espaçamentos, imagens e sons são a diferença entre um site incômodo e uma experiência humanizada e confortável.

Esse é um tema extremamente relevante e que merece investigação séria e boa vontade dos profissionais para que possa sofrer modificações positivas. Quando falamos em inclusão, pensamos em inserir a pessoa com deficiência, mas, na verdade, os não deficientes precisariam desenvolver sua capacidade de entender o mundo das pessoas com deficiência e penetrar nesse mundo para experenciar as sensações dessas pessoas, só assim será possível transformar o mundo.

> O reconhecimento do outro como protagonista do teatro da vida constitui o vetor da mudança de paradigma. O reconhecimento e o respeito pela diversidade é mais do que um simples ato de tolerância, é a afirmação de que a vida se amplia e se enriquece na pluralidade.

A inclusão caracteriza-se pela preocupação alimentada principalmente pela ciência e pela tecnologia em se melhorar as condições de vida de todas as pessoas, através da facilitação do acesso de todos aos recursos disponíveis, tendo como princípio o dado da diversidade como característica maior da existência humana. (Marques, 2009, p. 2)

Ao refletir sobre a acessibilidade, o designer precisa realizar um exercício permanente de empatia a fim de perceber as necessidades dos usuários e despir-se de preconceitos, tomando consciência de que qualquer pessoa, em certo momento, pode apresentar uma deficiência, basta não entender ou não conseguir realizar alguma tarefa.

6.6 Design e meio ambiente: design social e ecodesign

Já abordamos brevemente esse tema quando tratamos de empreendedorismo, sustentabilidade, negócios etc. É impossível dissociar o tema do design, afinal, em todas as áreas, a discussão se faz presente, e o design pode ser o grande agente de mudança e de sustentabilidade. Em uma sociedade consumista e imediatista, que descarta e produz toneladas de lixo, os designers podem criar projetos sustentáveis e, a partir disso, também encontrar possibilidades de negócios muito lucrativos.

De acordo com Comaru (2017),

Atualmente a visão ambiental do designer gráfico, a partir da concepção de um profissional que cuida somente da comunicação visual, está cada vez mais extinta. O nosso planeta vem desenvolvendo necessidades não tão novas, mas que infelizmente só agora estão recebendo a atenção que merecem entre os profissionais da área.

A principal característica do design sustentável é projetar soluções que assegurem uma sobrevivência ampla às gerações futuras, com um meio ambiente recuperado, autossustentável.

Diretamente ligado ao marketing social, o design social objetiva atender a necessidades específicas de consumidores menos favorecidos, econômica, social ou culturalmente.

O que é design social? Mendes (2020) explica o tema nos seguintes termos:

> O Design Social busca atuar onde os designers estão ausentes, que não há interesse da indústria em gerar soluções para melhorar a qualidade de vida, de um grupo socialmente excluído.
>
> [...]
>
> O designer deve levar em consideração 8 fatores, que são:
>
> 1. Funcionalidade;
> 2. Ergonomia;
> 3. Cultural;
> 4. Econômico;
> 5. Ambiental;
> 6. Estético
> 7. Tecnológico;
> 8. Social.
>
> Isto exige do designer conhecimentos interdisciplinares, como: sociologia, psicologia, antropologia e políticas públicas.

Para desenvolver um projeto social, é preciso estar alinhado a essas condições de sustentabilidade. É fundamental usar materiais de baixo custo, mas que retornem em impacto social, atender a uma necessidade comunitária, envolver os interessados etc.

Agora, você pode estar se perguntando: Como um design da área digital pode desenvolver projetos de design social? São muitas as possibilidades, como: criar aplicativos que beneficiem uma comunidade; atender projetos sociais e ensinar técnicas de design (oficinas); estabelecer-se como empreendedor social; e por aí vai. O importante é ter a consciência de que existe a possibilidade de mudança, também é importante lembrar que não estamos falando de assistencialismo, mas de empoderamento e de conscientização.

O designer social precisa estar atento e projetar cenários, antecipando acontecimentos, pensando sempre em minimizar os impactos negativos no meio ambiente e na sociedade. Segundo Mendes (2020), trata-se de promover uma vida melhor para as pessoas sem causar danos ao planeta, e esse é o objetivo do design sustentável, mas, para alcançá-lo, é preciso criar projetos economicamente viáveis, ecologicamente corretos, culturalmente aceitos e socialmente justos.

Existem muitas maneiras de viabilizar projetos dessa natureza, incluindo investimentos governamentais, empresas privadas e "investidores anjo". O importante é "desenhar" bons projetos.

O ecodesign, sob essa ótica, tem por objetivo conceber produtos sustentáveis, com critérios ecológicos em todas as fases de projeção: concepção, desenvolvimento, transporte e reciclagem.

> O ecodesign é uma parte essencial da economia circular, uma estratégia que tenta prolongar indefinidamente o valor dos produtos, mantendo-os dentro de um circuito fechado e isento de resíduos. O design com materiais sustentáveis permite que os bens da economia circular terminem sua vida útil em condições de terem novas funções, diferentemente da economia linear que se baseia no princípio de comprar-usar-descartar. (Ecodesign..., 2021)

Da mesma forma que sugerimos intervenções do design gráfico no design social, essas intervenções também são possíveis no ecodesign. A sustentabilidade gera uma infinidade de oportunidades, e ser sustentável é muito mais do que produzir menos lixo, corresponde a atitudes, opções e estilo de vida. Portanto, o designer sempre será uma peça fundamental nesse segmento, ou melhor, em qualquer área do design, moda, interiores, ambiente, animação, *web*, produtos, marcas etc.

6.7 Biomimética

Vivemos em um planeta no qual a população cresceu absurdamente, cultivando hábitos insustentáveis. A natureza está se esgotando, dando sinais de que seus recursos já estão no fim, como mudar isso? Ouvindo a própria natureza e aproveitando seus exemplos.

Iniciemos com a pergunta: O que é biomimética?

> A **biomimética** é a área que estuda os princípios criativos e estratégias da natureza, visando a criação de soluções para os problemas atuais da humanidade, unindo funcionalidade, estética e sustentabilidade.
>
> O princípio da **biomimética** é utilizar a natureza como um exemplo e fonte de inspiração, e não de apropriação similar às práticas da biologia sintética (saiba mais aqui). A natureza deve ser consultada, e não domesticada, reforçando a ideia da sustentabilidade. E tem sido usada em diversos ramos, como, por exemplo, na química, biologia, medicina, arquitetura, agricultura e no ramo de transportes. (Biomimética..., 2021, grifo do original)

A biomimética busca na natureza os modelos para seu desenvolvimento, para o resgate de conceitos adormecidos e não observados; é observando a natureza que podemos encontrar soluções para todos os problemas. Parece difícil, porém chegamos até aqui porque nossos antepassados assim o fizeram.

Vejamos um exemplo:

> Um exemplo muito antigo e conhecido de aplicação da **biomimética** é o velcro [...] Ele foi criado por George de Mestral, após estudar como os carrapichos ficavam grudados no pelo do seu cachorro. Ao ver a semente pelo microscópio, o engenheiro notou que ela era dotada de filamentos entrelaçados e com pequenos ganchos nas pontas. Ele desenvolveu um processo que funcionava do mesmo modo. (Biomimética..., 2021, grifo do original)

Logo, devemos olhar e entender a biomimética não apenas como uma nova forma de viver, mas como um propósito de cuidar e preservar, além de lembrar que, ao preservar a natureza, estamos preservando a nós mesmos.

6.8 Ergonomia no design

O termo *ergonomia* originou-se do grego *ergon*, que significa "trabalho", e de *nomos*, que pode ser traduzido por "leis ou normas". A ergonomia estuda todos os impactos físicos e psicológicos que as relações de trabalho podem ocasionar em seus trabalhadores, desde ferramentas e utensílios até a posição em que o empregado realiza suas funções. Ela está voltada, sobretudo, à prevenção de lesões que possam advir da atividade laboral.

Mas, você pode estar se perguntando: Qual é a ligação entre design e ergonomia? Todo projeto visa a um usuário final distinto de seu criador, certo? Assim, ao projetar algo, o designer deve considerar todos os prováveis (e até improváveis) usos que o produto possa ter. É necessário que esse artefato seja confortável, agradável, acessível e que faça o usuário sentir-se satisfeito. Nesse ponto, o design vai ao encontro da ergonomia, que funciona como um meio de levar ao usuário satisfação, prazer e conforto.

> Na projeção de artefatos de moda, produto ou interiores o designer precisa ter domínio da ergonomia, para que o usuário possa ter mais conforto possível. Por isso anatomia, biomecânica e outros conhecimentos [...] são importantes. Por exemplo, como podemos projetar uma cadeira sem ter conhecimento do corpo humano? É impossível! Não tem como projetar uma cadeira sem pensar no assento, encosto, posição dos pés, das mãos, as medidas do corpo, entre outras. (Ribeiro, 2015)

Ribeiro (2015) continua suas considerações explicando sobre como um designer deve projetar uma roupa ou desenvolver um tecido. Ele deve pensar nos movimentos, no ambiente em que serão usados, pois o usuário precisará estar confortável, além de ser esteticamente adequado ao tempo e ao lugar. A ergonomia é isto: preocupar-se com o conforto para todos os tipos de usuários, prever todas as situações possíveis para o uso de determinado produto, ou seja, trata-se de transformar "desconfortos em confortos para melhorar o ambiente em que o ser humano vive. Sendo assim a ergonomia se classifica como a **ciência do conforto**. Buscando dar o máximo conforto, segurança e eficiência ao trabalho" (Ribeiro, 2015, grifo do original).

Continuemos estabelecendo as conexões entre ergonomia e design. Quando se assevera que o designer projeta um design centrado no usuário, essa conexão se inicia no momento de estudo das proporções do corpo humano. Outra conexão é quando o *web* designer concebe um trabalho preocupado com as cores, fontes, imagens, páginas, conexões etc. A ergonomia está presente em todos esses empregos, pois fontes agradáveis e legíveis, cores que produzam sensações boas e páginas com conteúdos inspiradores fazem parte desse estudo. Um designer de interiores, por exemplo, executará seus projetos com sucesso se estiver conectado às necessidades do usuário, controlando possíveis danos. Portanto, a preocupação, o estudo científico dos impactos e uma criação inovadora de design, seja ela em qual área for, evidenciam a aplicação da ergonomia.

A ergonomia é conhecida como uma ciência multidisciplinar que reúne diversas regras e orientações, com o objetivo de tornar mais saudáveis as atividades diárias em um ambiente de trabalho. Ela é sustentada por uma tríade básica, que engloba questões como conforto, segurança e eficiência (Figura 6.19). A ergonomia faz com que qualquer esforço (físico e mental) seja reduzido, eliminando ao máximo as possibilidades de doenças ocupacionais.

Figura 6.19 – **Tríade da ergonomia**

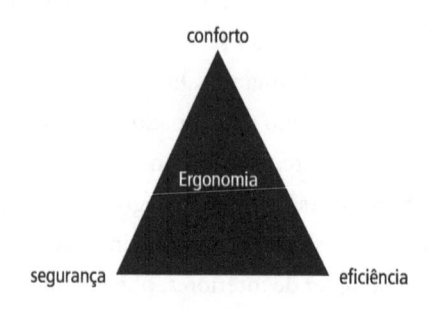

conforto

Ergonomia

segurança   eficiência

Fonte: Ribeiro, 2015.

6.9 Ética no design

A ética no design é um tema sério, polêmico e muito importante. Em uma época em que a ética tem sido relegada aos calabouços da humanidade, faz-se necessária a discussão sobre uma relação de trabalho saudável e justa.

O termo *ética* deriva do grego "*ethos*" (caráter, modo de ser de uma pessoa). *Ética* é um conjunto de valores morais e princípios que norteiam a conduta humana na sociedade. A ética serve para que haja um equilíbrio na sociedade, para que exista um funcionamento harmônico e justo. Assim, a ética, embora não possa ser confundida com as leis, está relacionada com o sentimento de justiça social. Um código de ética é construído por um grupo, que determina seus valores, mas a base são valores sociais e culturais daquele grupo, eis porque existem diferenças éticas entre grupos sociais distintos.

Vejamos o que diz Fábio Zillig (2019, grifo do original), cronista do *blog* UX Collective:

> Nunca foi tão necessário falar sobre ética nos projetos de design e a nossa responsabilidade com aquilo que criamos [...]
> Estamos em todos os lugares, nas mais diversas áreas, desde a criação de móveis, utensílios médicos, produtos digitais, projetando exposições, serviços, processos, fazendo a gestão de equipes e definindo estratégias de negócio. Nós, designers, **estamos por todas as partes**! Isso é incrível e **assustador** ao mesmo tempo. Esse protagonismo acarreta responsabilidades outrora alheias ao Design. Enquanto **outras profissões** têm **códigos de conduta bem claros**, definidos e seus profissionais vivem ponderando e analisando suas ações do ponto de vista da Ética, nós designers parecemos não perceber a **importância** e **necessidade** dessas discussões.

Zillig (2019) continua sua reflexão questionando a validade de vasculhar conteúdo de *e-mails* para oferecer propagandas. Ele pergunta, também, se é moral ou ético manipular o comportamento dos usuários para mantê-los trabalhando. Menciona, ainda, que a busca por formas de engajamento e retenção para os produtos coloca jovens em risco de depressão. Existe uma oferta indiscriminada de produtos que prometem e traduzem felicidade. São os designers que projetam as propagandas irresistíveis nas redes sociais e que incitam ao consumo, será ético? Zillig (2019) afirma que "vivemos em uma sociedade cada vez mais doente e muitos desses problemas podem e devem ser colocados na conta das más decisões de Design". A discussão sobre ética e moral perpassa todas as profissões, áreas de trabalho, segmentos sociais etc.

Retornando à reflexão sobre a ética no design, entre os princípios do design, existem passos fundamentais para começar a estruturar um projeto, e o primeiro deles é a **empatia**. Zillig (2019) pondera que bastaria aos profissionais retornarem a esse princípio básico, de se colocar no lugar do outro, tentar sentir como o outro. Ao aplicar esse conceito tão elementar para o design, seria possível reestabelecer princípios éticos e efetivamente buscar soluções para uma vida humana melhor, visto que "Muito dos problemas que podemos classificar como **problemas éticos** surgem de ações tomadas sem avaliar de forma séria os **impactos futuros** na vida das pessoas. Em alguns casos, boas intenções trazem resultados desastrosos" (Zillig, 2019, grifo do original).

A questão da falta de ética no design está calcada no consumo indiscriminado, porém, esta não é uma questão restrita ao design, ela é uma pauta da sociedade. Então, se essa mesma sociedade formar designers éticos e conscientes, eles poderão (re)desenhar essa sociedade e suas relações.

Por fim, atingimos o último tópico deste livro que se prestou a discutir os fundamentos de design. Fundamentos, como já sabemos, nos remetam à fundação, ao alicerce, portanto, a partir de agora, você está preparado para erguer sua edificação. No entanto, serão necessárias muitas outras ferramentas, muitos outros materiais, para que, nessa construção, você encontre as melhores soluções para seus projetos. O conhecimento é seu, você pode transformá-lo em saber, mas, lembre-se: eles só terão valor se forem compartilhados.

Boa construção!

CONSIDERAÇÕES FINAIS

O termo *design*, como vimos, pode ser traduzido por "desenho". No entanto, cabe ampliar esse significado incluindo planejar e projetar algo com um propósito definido. É nesse sentido que compreendemos a atividade do designer. Um profissional que extrapola as concepções estéticas para a criação de soluções inteligentes e inovadoras para qualquer segmento.

Iniciamos nossos estudos de fundamentos do design conceituando e analisando a evolução do design. Empreendemos uma viagem pelo tempo e percorremos a história do design, conhecendo teorias, personalidades e marcos fundamentais para a área. Ainda, analisamos os princípios teóricos e práticos do design.

Em seguida, traçamos um panorama mundial do design pelo mundo, conhecendo o *ranking* do maior prêmio de design mundial. Nesse levantamento, evidenciamos os países com as melhores colocações e os eventos de design mais conhecidos. Indicamos, nesse contexto, uma infinidade de exposições virtuais que, com toda a certeza, podem enriquecer o vocabulário visual e teórico do designer. Além disso, apresentamos algumas empresas de renome internacional da área, bem como os designers mais conceituados. Também nos aproximamos dos profissionais do design e de seus desafios. Exploramos as áreas de atuação do designer e os indicadores de remuneração.

A discussão de design e inovação perpassou todos os capítulos. Tema de extrema relevância para o desenvolvimento de um designer, abordamos as influências culturais, a gestão do design, o design de marketing e serviços. Ainda buscamos analisar e esclarecer dúvidas e ambiguidades sobre áreas que se misturam, se apoiam e se interseccionam com o design, como a arte, o artesanato, o design autoral, autônomo e empreendedor.

Por fim, vimos a tipografia, as cores, as questões de ergonomia e de acessibilidade, além das implicações do design com o meio ambiente, a biomimética e a ética no design. Se finalizamos nosso livro tratando da ética, não foi à toa, era mandatório que o fizéssemos, pois, propusemo-nos, no início da nossa jornada, a realizar um desenvolvimento integral do tema e, para tanto, era preciso reconhecer o conjunto de valores, normas e atitudes que devem conduzir o profissional de design.

REFERÊNCIAS

4 ESTRATÉGIAS de marketing e design para destacar empresas. **Blog Agendor**, 2021. Disponível em: <https://www.agendor.com.br/blog/estrategias-de-marketing/>. Acesso em: 14 mar. 2021.

A'DESIGN AWARD & COMPETITION. **Action**. Disponível em: <http://www.premiacaodesign.com/>. Acesso em: 14 mar. 2021.

AELA.IO. Qual a diferença entre UX e UI: entenda de uma vez. **Aela**, 18 nov. 2019. Disponível em: <https://medium.com/aela/qual-a-diferen%C3%A7a-entre-ux-e-ui-design-entenda-de-uma-vez-95b4aeb68479>. Acesso em: 14 mar. 2021.

AGÊNCIA INBOUND. Acessibilidade e a importância de um design universal. **Inbound**, 11 nov. 2016. Disponível em: <https://www.agenciainbound.com.br/blog/acessibilidade-e-a-importancia-de-um-design-universal>. Acesso em: 14 mar. 2021

ALEY. Aprenda mais sobre tipografia: conceitos básicos [Infográfico]. **Blog da Print**, 17 nov. 2014. Disponível em: <https://www.printi.com.br/blog/aprenda-mais-sobre-tipografia-conceitos-basicos-infografico>. Acesso em: 14 mar. 2021.

ALEY. Um breve histórico do design gráfico. **Blog da Print**, 16 jul. 2013. Disponível em: <https://www.printi.com.br/blog/um-breve-historico-do-design-grafico-1>. Acesso em: 14 mar. 2021.

ANDERSSON, G. Quais são as principais áreas do design? **Vai de Bolsa**, 24 set. 2019. Disponível em: <https://vaidebolsa.com.br/areas-do-design/>. Acesso em: 14 mar. 2021.

ARAÚJO, D. Design, arte ou artesanato? **Utilitá**, 22 fev. 2016. Disponível em: <https://www.utilitaonline.com.br/2016/02/22/design-arte-ou-artesanato/>. Acesso em: 14 mar. 2021.

ARTY, D. Teoria das cores – guia sobre teoria e harmonia das cores no design. **Chief of Design**, 2021a. Disponível em: <https://www.chiefofdesign.com.br/teoria-das-cores/>. Acesso em: 14 mar. 2021

ARTY, D. Tipografia: guia sobre tipos – escolhendo a fonte certa [parte 1]. **Chief of Design**, 2021b. Disponível em: <https://www.chiefofdesign.com.br/tipografia/#subTitulo03>. Acesso em: 14 mar. 2021.

ASSIS, S. P. de. **Práticas criativas no design gráfico contemporâneo**. 125 f. Dissertação (Mestrado em Design) – Universidade Anhembi Morumbi, São Paulo, 2011.

AULETE, C. **Dicionário da Língua Portuguesa**. Porto Alegre: L&PM, 2007.

BELIN, L. O que o design feito no Brasil tem de brasileiro? **Gazeta do Povo, Haus**, 24 set. 2019. Disponível em: <https://www.gazetadopovo.com.br/haus/design/o-que-o-design-feito-no-brasil-tem-de-brasileiro/>. Acesso em: 14 mar. 2020.

BIOMIMÉTICA: ciência inspirada na natureza. **e-Cycle**, 2021. Disponível em: <https://www.ecycle.com.br/component/content/article/35-atitude/1504-biomimetica-a-ciencia-que-se-inspira-na-natureza.html>. Acesso em: 14 mar. 2021.

BÜRDEK, B. E. **História, teoria e prática do design de produtos**. São Paulo: Edgard Blücher, 2006.

BUZZO, B. O que é desenvolvimento sustentável? **e-Cycle**, 2021. Disponível em: <https://www.ecycle.com.br/6173-desenvolvimento-sustentavel>. Acesso em: 14 mar. 2021.

CARDOSO, R. O design gráfico e sua história. **Instituto Federal de Educação, Ciência e Tecnologia do Rio Grande do Norte**. Disponível em: <https://docente.ifrn.edu.br/carlosdias/informatica/programacao-visual/o-design-grafico-e-sua-historia/view?searchterm=rafael>. Acesso em: 14 mar. 2021.

CARVALHO, R. Design thinking: entenda o que é e como aplicar. **Na prática.org**, 7 jan. 2021. Disponível em: <https://www.napratica.org.br/design-thinking-o-que-como-funciona/>. Acesso em: 14 mar. 2021.

CESAR, H. 8 Empresas famosas de design para se inspirar. **Des1gnON**. Disponível em: <https://www.des1gnon.com/2014/11/8-empresas-famosas-de-design-para-se-inspirar/>. Acesso em: 14 mar. 2021.

COMARU, L. F. Uma reflexão sobre a importância do design sustentável para o meio ambiente. **Revista Científica Multidisciplinar Núcleo do Conhecimento**, ano 2, v. 5, p. 58-73, dez. 2017. Disponível em: <https://www.nucleodoconhecimento.com.br/marketing/design-sustentavel>. Acesso em: 14 mar. 2021.

CONSOLO, C. As relações entre significado, design e inovação. **O futuro das coisas**, 25 fev. 2018. Disponível em: <https://ofuturodascoisas.com/as-relacoes-entre-significado-design-e-inovacao/>. Acesso em: 14 mar. 2021.

DABNER, D.; STEWART, S.; ZEMPOL, E. **Curso de design gráfico**: princípios e práticas. São Paulo: GG, 2019.

DANTAS, P. L. D. Artesanato. **Mundo Educação**, 2021. Disponível em: <https://mundoeducacao.uol.com.br/artes/artesanato.htm>. Acesso em: 14 mar. 2021.

DESCUBRA a carreira em desenvolvimento de jogos! **Blog Impacta**. 2021. Disponível em: <https://www.impacta.com.br/blog/2019/05/22/descubra-a-carreira-em-desenvolvimento-de-jogos/>. Acesso em: 14 mar. 2021.

DESIGN CULTURE. **5 TED Talks de designers para designers**. 19 dez. 2013. Disponível em: <https://designculture.com.br/5-ted-talks-de-designers-para-designers>. Acesso em: 14 mar. 2021.

DURANTE, S. Clássicos do design: cadeira Thonet. **Casa e Jardim**, 31 maio 2017. Disponível em: <https://revistacasaejardim.globo.com/Casa-e-Jardim/Design/noticia/2017/05/classicos-do-design-thonet.html>. Acesso em: 14 mar. 2021.

ECODESIGN: como fazer produtos sustentáveis e satisfazer o consumidor. **Iberdrola**, 2021. Disponível em: <https://www.iberdrola.com/compromisso-social/eco-design-produtos-sustentaveis>. Acesso em: 14 mar. 2021.

EDUCA MAIS BRASIL. **Salário de designer de animação – Carreira de designer de animação**. 2021a. Disponível em: <https://www.educamaisbrasil.com.br/cursos-e-faculdades/design-de-animacao/design-de-animacao-salario>. Acesso em: 14 mar. 2021.

EDUCA MAIS BRASIL. **Salário de designer de games – Carreira de designer de games**. 2021b. Disponível em: <https://www.educamaisbrasil.com.br/cursos-e-faculdades/design-de-games/salario-de-designer-de-games-carreira>. Acesso em: 14 mar. 2021.

EDUCA MAIS BRASIL. **Salário de designer gráfico – Carreira de designer gráfico**. 2021c. Disponível em: <https://www.educamaisbrasil.com.br/cursos-e-faculdades/design-grafico/fmu-ead>. Acesso em: 14 mar. 2021.

EDUCA MAIS BRASIL. **Salário de designer de interiores – Carreira de designer de interiores**. 2021d. Disponível em: <https://www.educamaisbrasil.com.br/cursos-e-faculdades/design-de-interiores/salario-de-designer-de-interiores-carreira>. Acesso em: 14 mar. 2021.

EDUCA MAIS BRASIL. **Salário de designer de produto – Carreira de design de produto**. 2021e. Disponível em: <https://www.educamaisbrasil.com.br/cursos-e-faculdades/design-de-produto/salario-de-designer-de-produto-carreira>. Acesso em: 14 mar. 2021.

EDUCA MAIS BRASIL. **Salário de designer visual – Carreira de designer visual**. 2021f. Disponível em: <https://www.educamaisbrasil.com.br/cursos-e-faculdades/design-comunicacao-visual/salario-de-designer-visual-carreira>. Acesso em: 14 mar. 2021.

EDUCA MAIS BRASIL. **Salário de web designer – Carreira de web designer**. 2021g. Disponível em: <https://www.educamaisbrasil.com.br/cursos-e-faculdades/webdesign/salario-de-web-designer-carreira>. Acesso em: 14 mar. 2021b.

ENCICLOPÉDIA ITAÚ CULTURAL. **Alexandre Wollner**. 2018. Disponível em: <http://enciclopedia.itaucultural.org.br/pessoa22258/alexandre-wollner>. Acesso em: 14 mar. 2020.

FASCIONI, L. Você sabe o que é gestão do design? **Ligia Fascioni,** 12 dez. 2007. Disponível em: <https://www.ligiafascioni.com.br/voce-sabe-o-que-e-gestao-do-design/>. Acesso em: 14 mar. 2021.

FRACHETTA, A. O que é gestão do design? **Pulsar,** 2021. Disponível em: <https://www.estudioroxo.com.br/agencia-branding/o-que-gestao-do-design/#:~:text=O%20que%20%C3%A9%20gest%C3%A3o%20do,novas%20formas%20de%20vantagem%20competitiva>. Acesso em: 14 mar. 2021.

FUORISALONE.IT. **Como è stato pensato il Fuorisalone 2020?** Disponível em: <https://www.fuorisalone.it/2020/it/per-orientarsi/cosa-e-il-fuorisalone>. Acesso em: 14 jan. 2021.

GRÁFICO. In: **Dicionário Etimológico.** Disponível em: <https://www.dicionarioetimologico.com.br/grafico/>. Acesso em: 14 mar. 2021.

GUERRERO, A. 50 designers famosos e incríveis que você precisa conhecer. **Canva.** Disponível em: <https://www.canva.com/pt_br/aprenda/50-designers-famosos-e-incriveis/>. Acesso em: 14 mar. 2021.

GUIA do designer autônomo: como precificar e ofertar os seus serviços? 2021. Disponível em: <https://d335luupugsy2.cloudfront.net/cms/files/18659/1506536145e-Book_Guia_do_Designer_autonomo-Como_precificar_e_ofertar_os_seus_servicos.pdf>. Acesso em: 14 mar. 2021.

GUSTAVSEN. D. A Arquitetura e o design da China contemporânea. **CasaCor,** 13 nov. 2013. Disponível em: <https://casa.abril.com.br/moveis-acessorios/a-arquitetura-e-o-design-da-china-contemporanea/>. Acesso em: 14 mar. 2021.

IMBROISI, M.; MARTINS, S. O que é arte. **História das Artes**, 2021. Disponível em: <https://www.historiadasartes.com/olho-vivo/o-que-e-arte/>. Acesso em: 14 mar. 2021.

JAPAN ENDLESS DISCOVERY. **A arte e o design no Japão**. Disponível em: <https://www.japan.travel/pt/things-to-do/art-and-design/>. Acesso em: 14 mar. 2020.

JORNAL CONTÁBIL. Conheça um pouco a diferença entre profissionais autônomos, profissional liberal, MEI e ME. **Rede Jornal Contábil**, 8 ago. 2016. Disponível em: <https://www.jornalcontabil.com.br/conheca-um-pouco-diferenca-entre-profissionais-autonomos-profissional-liberal-mei-e-me/>. Acesso em: 14 mar. 2021.

KÖRTING, G. **A importância da cultura e do repertório cultural do designer gráfico no desenvolvimento de projetos de comunicação visual**. 193 f. Dissertação (Mestrado em Design) – Universidade Federal do Rio Grande do Sul, Porto Alegre, 2014.

KRISTHINA, A. Designers autorais e independentes. **Criative-se**, 20 abr. 2020. Disponível em: <https://medium.com/criative-se/designers-autorais-e-independentes-131fee435e84>. Acesso em: 14 mar. 2021.

LARAIA, R. de B. **Cultura, um conceito antropológico**. 14. ed. Rio de Janeiro: Jorge Zahar, 2001.

LEITE, R. Design é o caminho para a inovação. **Mundo do Marketing**, 11 abr. 2012. Disponível em: <https://www.mundodomarketing.com.br/artigos/ricardo-leite/23455/design-e-o-caminho-para-a-inovacao.html>. Acesso em: 14 mar. 2021.

MACORATTI, J. C. Serialização de objetos. **Macoratti.net**, 2021. Disponível em: <http://www.macoratti.net/vbn_seri.htm>. Acesso em: 14 mar. 2021.

MARINHO, A. Confira 3 diferenças básicas entre arte e artesanato. **Com Alma**, 2021. Disponível em: <https://www.comalma.com.br/confira-3-diferencas-basicas-entre-arte-e-artesanato/>. Acesso em: 14 mar. 2021.

MARQUES, L. P. Diversidade, formação de professores e prática pedagógica. **Educação em foco**, Juiz de Fora, v. 1, 2009. Disponível em: <https://www.ufjf.br/revistaedufoco/files/2009/10/Diversidade-forma%c3%a7%c3%a3o-de-professores-e-pr%c3%a1tica-pedag%c3%b3gica.pdf>. Acesso em: 14 mar. 2021.

MARTINS, R. Reengenharia. **Blog da qualidade**. 1º ago. 2012. Disponível em: <https://blogdaqualidade.com.br/reengenharia/>. Acesso em: 14 mar. 2021.

MAZZA, A. C. A.; IPIRANGA, A. S. R.; FREITAS, A. A. F. de. O design, a arte e o artesanato deslocando o centro. **Cadernos Ebape.Br**, v. 5, n. 4, dez. 2007. Disponível em: <https://www.scielo.br/pdf/cebape/v5n4/v5n4a08.pdf>. Acesso em: 14 mar. 2021.

MEGGS, P. B.; PURVIS, A. W. **História do Design Gráfico**. 4. ed. São Paulo: Cosac Naify, 2009.

MENDES, W. Design social: transformando a vida da comunidade. **Design com café**, 17 mar. 2020. Disponível em: <https://designcomcafe.com.br/design-social/>. Acesso em: 14 mar. 2021.

MIDORI, A.; BIZARRO, M. O artista e o designer. **Projeto experimental**, 2021. Disponível em: <https://www.eba.ufmg.br/alunos/kurtnavigator/arteartesanato/filos-04-artdesign.html>. Acesso em: 14 mar. 2021.

MONTEIRO, V. **O design como instrumento de transformação cultural**. 1º fev. 2010. Disponível em: <https://administradores.com.br/noticias/o-design-como-instrumento-de-transformacao-cultural>. Acesso em: 14 mar. 2021.

MOTA, V. F. Design para inovação: um diálogo possível. **Techoje**, 2021. Disponível em: <http://www.techoje.com.br/site/techoje/categoria/detalhe_artigo/1561>. Acesso em: 14 mar. 2021.

MORAES, D. UX e UI design: descubra finalmente qual é a diferença entre ambos. **Blog da Rock Content**, 3 ago. 2018. Disponível em: <https://rockcontent.com/blog/ux-e-ui-design/#:~:text=Enquanto%20o%20UI%20guia%20o,e%20a%C3%A7%C3%B5es%20simples%20de%20realizar>. Acesso em: 14 mar. 2021.

MORAES, D. de. **Metaprojeto**: o design do design. São Paulo: Blucher, 2010.

MOURA, A. N. **A influência da cultura, da arte e do artesanato brasileiros no design nacional contemporâneo**: um estudo da obra dos irmãos campana. 119f. Dissertação (Mestrado em Design) – Universidade do Estado de Minas Gerais (UEMG), Minas Gerais, 2011.

MUSEUM OF ARTS AND DESIGN. **About MAD**. Disponível em: <https://madmuseum.org/about>. Acesso em: 14 mar. 2021.

NUNES, J. 13 Festivais de animação sul-americanos para você conhecer. **Designerd**, 2018. Disponível em: <https://www.designerd.com.br/13-festivais-de-animacao-sulamericanos-para-voce-conhecer/>. Acesso em: 14 mar. 2021.

OLIVEIRA, F. N. 10 eventos de games para game designers. **Fábrica de Jogos**, 2019. Disponível em: <https://www.fabricadejogos.net/posts/10-eventos-de-games-para-game-designers/>. Acesso em: 14 mar. 2021.

O QUE é design editorial? **Ricardo Passarin**. Disponível em: <http://ricardopassarin.com/site/o-que-e-design-editorial/#c>. Acesso em: 14 mar. 2021.

OST, S. Trabalho autônomo. **Âmbito Jurídico**, 31 mar. 2008. Disponível em: <https://ambitojuridico.com.br/edicoes/revista-51/trabalho-autonomo/>. Acesso em: 14 mar. 2021.

PADILHA, A. C. et al. A gestão de design na concepção de novos produtos: uma ferramenta de integração do processo de gestão e inovação. In: SIMPÓSIO DE GESTÃO DA INOVAÇÃO TECNOLÓGICA, 25, **Anais**..., Brasília, 2008. Disponível em: <http://www.anpad.org.br/admin/pdf/Simposio231.pdf>. Acesso em: 14 mar. 2021.

PAGNUSSAT, T. **Design e empreendedorismo**: a atuação mutante do designer nos ecossistemas criativos. 98 f. Dissertação (Mestrado em Design) – Universidade do Vale do Rio dos Sinos, São Leopoldo, 2016. Disponível em: <http://www.repositorio.jesuita.org.br/handle/UNISINOS/5362>. Acesso em: 14 mar. 2021.

PEEXELL. Design de interação: o que é e como funciona na prática. **Peexell**. 30 jul. 2019. Disponível em: <https://medium.com/peexell/design-de-intera%C3%A7%C3%A3o-o-que-%C3%A9-e-como-funciona-na-pr%C3%A1tica-830dba6c49c4>. Acesso em: 14 mar. 2021.

POSITIVO. **5 principais tecnologias japonesas que revolucionaram o mundo**. 26 jun. 2018. Disponível em: <https://www.meupositivo.com.br/doseujeito/tecnologia/tecnologias-japonesas-que-revolucionaram-o-mundo/>. Acesso em: 14 mar. 2021.

QUAIS são as principais áreas de atuação na carreira em design? **Blog Impacta**, 2021. Disponível em: <https://www.impacta.com.br/blog/2019/03/20/quais-sao-principais-areas-atuacao-carreira-em-design/>. Acesso em: 14 mar. 2021.

RENAN, P. A influência do design no sucesso das vendas. **Blog Agendor**, 2021. Disponível em: <https://www.agendor.com.br/blog/a-influencia-do-design-no-sucesso-das-vendas/>. Acesso em: 14 mar. 2021.

RIBEIRO, M. Entendendo a ergonomia. **Design Culture**, 9 out. 2015. Disponível em: <https://designculture.com.br/entendendo-a-ergonomia>. Acesso em: 14 mar. 2021.

SEBRAE – Serviço Brasileiro de Apoio às Micro e Pequenas Empresas. **A importância do design nos negócios**. 2021a. Disponível em: <https://www.sebrae.com.br/Sebrae/Portal%20Sebrae/Anexos/a_importancia_do_design_nos_negocios.pdf>. Acesso em: 14 mar. 2021.

SEBRAE – Serviço Brasileiro de Apoio às Micro e Pequenas Empresas. **O que é design de serviços**. 2021b. Disponível em: <https://inovacaosebraeminas.com.br/o-que-e-design-de-servicos/>. Acesso em: 14 mar. 2021.

SEBRAE – Serviço Brasileiro de Apoio às Micro e Pequenas Empresas. **O design no Brasil – Relatório 2014**. 25 jul. 2014. Disponível em: <https://www.sebrae.com.br/sites/PortalSebrae/artigos/o-design-no-brasil-relatorio-2014,6d818242d5e67410VgnVCM1000003b74010aRCRD>. Acesso em: 14 mar. 2021.

SEBRAE – Serviço Brasileiro de Apoio às Micro e Pequenas Empresas. **Panorama do design no Brasil**: o design no contexto da economia criativa. Sebrae, 2015. Disponível em: <https://bibliotecas.sebrae.com.br/chronus/ARQUIVOS_CHRONUS/bds/bds.nsf/e7df34e8247384939c2ff217f6a4efe7/$File/5679.pdf>. Acesso em: 14 mar. 2021.

SILVA, P. G. de F. **Design estratégico e design autoral**: uma assinatura plural. 167 f. Dissertação (Mestrado em Design) – Universidade do Vale do Rio dos Sinos, Porto Alegre, 2016. Disponível em: <http://www.repositorio.jesuita.org.br/bitstream/handle/UNISINOS/5813/Patr%c3%adcia%20Gomes%20de%20Freitas%20Silva_.pdf?sequence=1&isAllowed=y>. Acesso em: 14 mar. 2021.

SOUZA, C. E. Processo criativo no design autoral. **Habitus Brasil**, 4 nov. 2016. Disponível em: <https://habitusbrasil.com/processo-criativo-no-design-autoral/>. Acesso em: 14 mar. 2021.

TEIXEIRA, F. O que é service design? **UX Collective**, 21 nov. 2011. Disponível em: <https://brasil.uxdesign.cc/o-que-%C3%A9-service-design-70543ff20e19>. Acesso em: 14 mar. 2021.

TISDC – Taiwan International Student Design Competition. Disponível em: <https://www.tisdc.org/?fbclid=IwAR0dc-ZZrTODi2JSE25mPC4zGDHuFhJ52LUl-eJuZSoqkpPYv-PQ_Wk8c2I>. Acesso em: 14 mar. 2021.

VEGINI, L. Design italiano: a singularidade dos profissionais de vanguarda. **Archtrends Portobello**, 13 out. 2017. Disponível em: <https://archtrends.com/blog/design-italiano-singularidade-dos-profissionais-de-vanguarda/>. Acesso em: 14 mar. 2021.

VIANA, J. A importância da tipografia e suas fontes fundamentais. **Blog da Print**, 29 out. 2019. Disponível em: <https://www.printi.com.br/blog/tipografia-e-suas-fontes-fundamentais>. Acesso em: 14 mar. 2021.

VIANNA, M. et al. **Design Thinking**: Inovação em negócios. Rio de Janeiro: MJV Press, 2012.

VIBRYT. **Design de interação**: o que é e como funciona na prática. 30 jul. 2019. Disponível em: <https://medium.com/peexell/design-de-intera%C3%A7%C3%A3o-o-que-%C3%A9-e-como-funciona-na-pr%C3%A1tica-830dba6c49c4>. Acesso em: 14 mar. 2021.

VOLPATO, E. O que é usabilidade. **Testr**, 8 jun. 2016. Disponível em: <https://medium.com/testr/o-que-%C3%A9-usabilidade-579f9b285d8e/>. Acesso em: 14 mar. 2021.

WESLEY. Profissional liberal e autônomo: veja o que é cada um e suas diferenças. **Rede Jornal Contábil**, 29 jun. 2020. Disponível em: <https://www.jornalcontabil.com.br/profissional-liberal-e-autonomo-veja-suas-diferencas/>. Acesso em: 14 mar. 2021.

WILLIAMS, R. **Design para quem não é designer**: noções básicas de planejamento visual. São Paulo: Callis, 1995.

WORLD DESIGN ORGANIZATION. **Definition of industrial design**. Disponível em: <https://wdo.org/about/definition/>. Acesso em: 14 mar. 2021.

WORLD DESIGN RANKINGS. **Latest World Design Rankings**. Disponível em: <http://www.worlddesignrankings.com/#rankings>. Acesso em: 14 mar. 2021.

ZILLIG, F. Ética e design: uma conversa necessária. **UX Collective**, 17 abr. 2019. Disponível em: <https://brasil.uxdesign.cc/%C3%A9tica-e-design-uma-conversa-necess%C3%A1ria-d10f4ee6565e>. Acesso em: 14 mar. 2021.

SOBRE A AUTORA

Tania Maria Sanches Minsky é coordenadora pedagógica e professora de Literatura, Comunicação e Metodologia. Tem pós-graduação em Educação para o Profissional do Futuro pela Faculdade da Indústria (Senai-SC). É graduada em Letras pela Universidade da Região da Campanha (RS). Atua como docente há muitos anos, desde o Ensino Fundamental até a pós-graduação.

Criou e ministrou diversos cursos na área de comunicação empresarial. É docente do curso de pós-graduação Metodologia e Técnicas de Pesquisa, no Instituto Brasileiro de Ensino Multidisciplinar (IBem). Recentemente, coordenou o Curso de User eXperience Design na Faculdade Senai (Florianópolis, SC). É sócia consultora na Pyuva-Inovando Educação, uma consultoria para educação inovadora.

∗

Os livros direcionados ao campo do Design são diagramados com famílias tipográficas históricas. Neste volume foram utilizadas a **Garamond** – criada pelo editor francês Claude Garamond em 1530 e referência no desenho de fontes pelos próximos séculos – e a **Frutiger** – projetada em 1976 pelo suíço Adrian Frutiger para a sinalização do aeroporto Charles de Gaulle, em Paris.

Impressão:
Março/2021